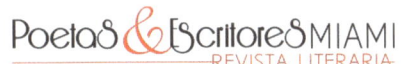

ISBN:
9781099933806

STAFF
Poetas & Escritores Miami
REVISTA LITERARIA

EDITORA
Pilar Vélez
Presidenta MILIBROHISPANO.ORG

ARTE Y MAQUETACIÓN
Poetas & Escritores Miami
Alynor Díaz

CORRECCIÓN DE TEXTOS
Poetas & Escritores Miami
Marina Araujo

PUBLICIDAD, PATROCINIOS
Y SUSCRIPCIONES
milibrohispano@gmail.com

WEBSITE
www.poetas&escritoresmiami.com

EDITA
Poetas & Escritores Miami
REVISTA LITERARIA
www.poetas&escritoresmiami.com

HAN COLABORADO EN ESTE NÚMERO
Janiel Humberto Pemberty
JJ Palomino
Omar Castillo
Elvira Sánchez-Blake
Cristo Rafael Figueroa Sánchez
Juan Francisco González-Díaz
Hemil García Linares
Evelyn Navas
© Copyright Poetas & Escritores Miami
2019

BOOK # 3

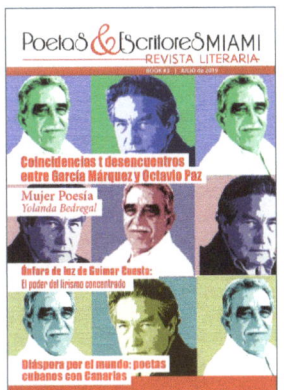

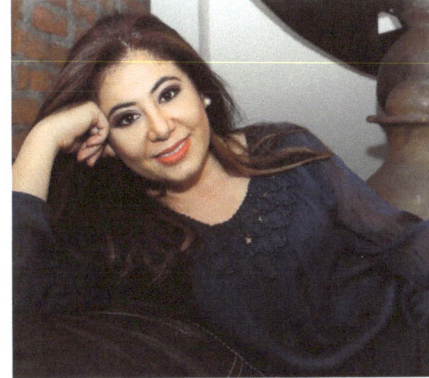

I0392581

Pilar Vélez • **EDITORA**

Nota
EDITORIAL

En esta publicación evocamos a dos escritores latinoamericanos reconocidos con el Premio Nobel de Literatura: Octavio Paz y Gabriel García Márquez, ambos fallecidos en un mes primaveral. Asimismo, retomamos el bastión de la poesía y lo encontramos presente en la narrativa de Perla Suez, en su novela El país del diablo. Proseguimos nuestra ruta poética con Clamor del poeta JJ Palomino y Ánfora de luz de Guiomar Cuesta Escobar. Asimismo, rendimos un homenaje a la poeta boliviana Yolanda Bedregal en nuestra columna MUJERPOESÍA, en la que destacamos el legado de las mujeres poetas del mundo. Y cruzamos el océano Atlántico para presentar a la diáspora de poetas cubanos en las Islas Canarias, gracias a la colaboración de Juan Francisco González-Díaz.

Por último, Elvira Sánchez-Blake nos presenta el retrato salvaje de los feminicidios a través de la lectura de *Los Divinos,* de la escritora colombiana Laura Restrepo; y la periodista Evelyn Navas, nos habla de la agnotología o la necesidad de informarse para decidir.

Nuestro más sincero agradecimiento a nuestros colaboradores por su compromiso con la excelencia de nuestra revista e invitamos a nuestros lectores a que nos sigan leyendo, pues para ustedes escribimos.

Pilar Vélez

Presidenta
Hispanic Heritage Literature Organization / Milibrohispano.org
y Editora Poetas & Escritores Miami

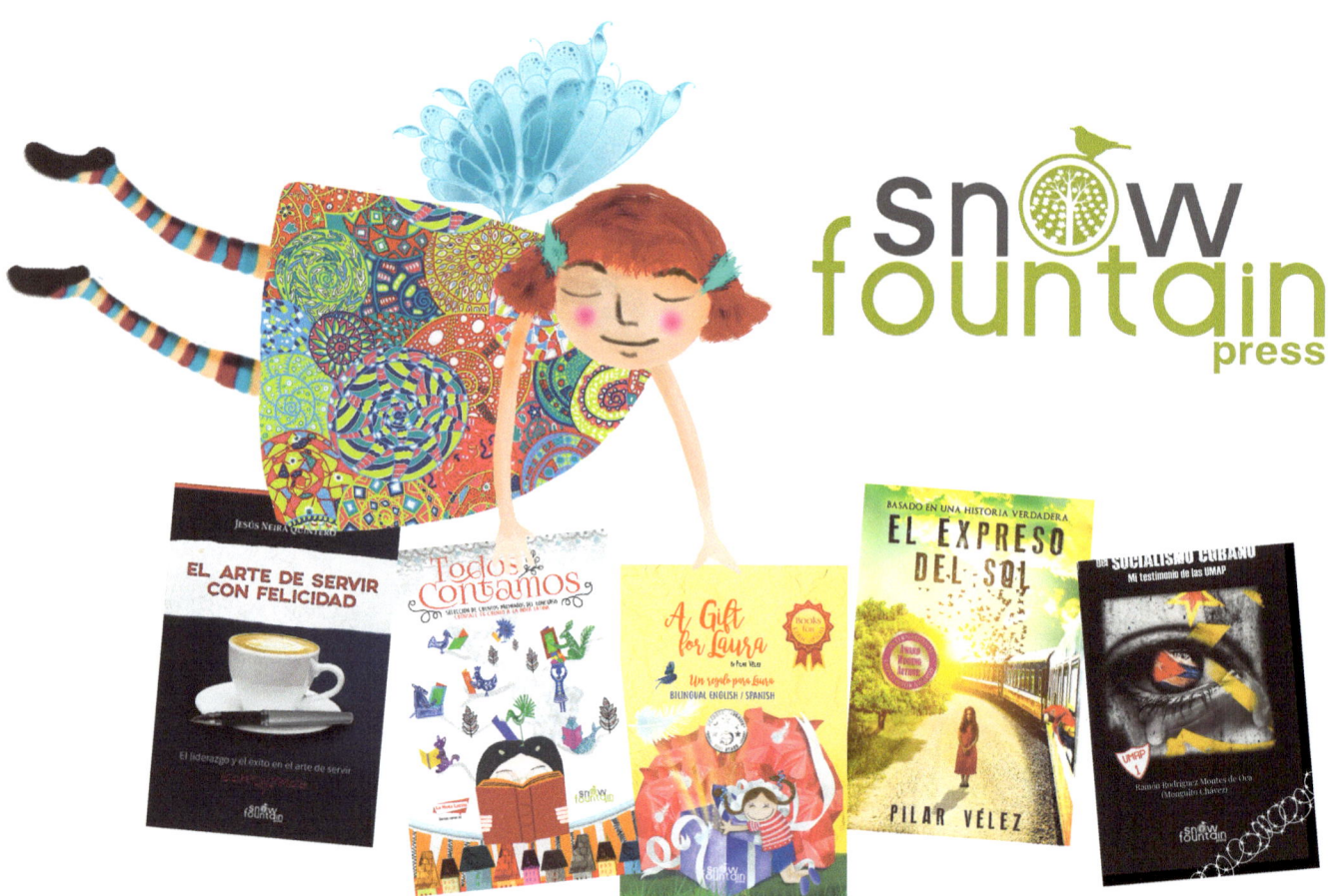

snow
fountain
press

Let us publish your

Book

We are a publishing house committed to independent writers.

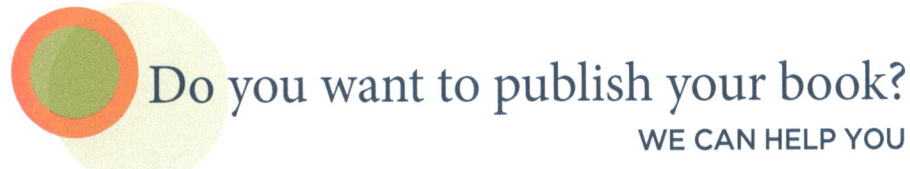

Do you want to publish your book?

WE CAN HELP YOU

These are some of the steps we take during the process:

- Consultancy.
- Cover design that creates impact.
- Manuscript editing.
- Story Illustrating.
- Infographic creations.
- Create an excellent synopsis for your work.
- Create an author's biography
- Create your author site on Amazon.
- Upload your book on Amazon.
- Publish your book on a printed format.
- Convert your book to an E-Book.
- Desgin banners for your social networks.
- Advertise your book on social networks.
- Create your website image.
- Create hashtags for your book and for the themes from your book.
- Manage your social networks such as Instagram, Facebook, Twitter...
  ... and more

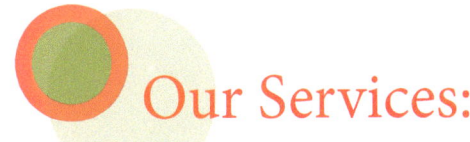

Our Services:

Editorial coordination
Reading Report
Editorial Design
Magazine design and layout
Proofreading
Cover Design
Illustration
Style correction
Copyrights
Translation
Marketing and Press
Layout
Digital Publishing - Ebooks
Orthographic Proofreading
Writing
Social Media Managament
Book Reviews

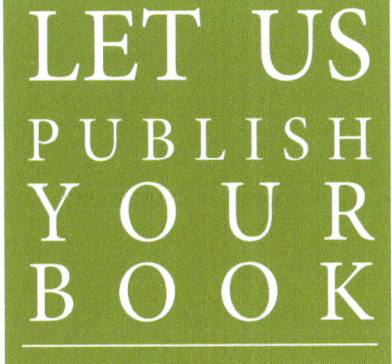

LET US PUBLISH YOUR BOOK

Our team of professionals is made up of illustrators, proofreaders, translators, desginers, journalists and community managers. We transform your manuscript into a printed and electronic copy for your readers to enjoy through Amazon and the platform of your choice. If you wish to publish your work, contact us.

snowfountainpress.com - Pilar: 305 7726577

snowfountainpress - alynor@snowfountainpress.com

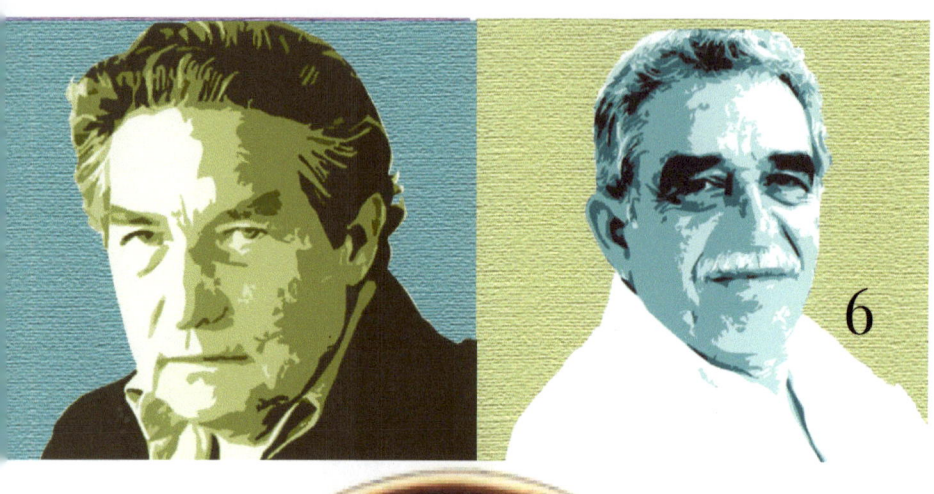

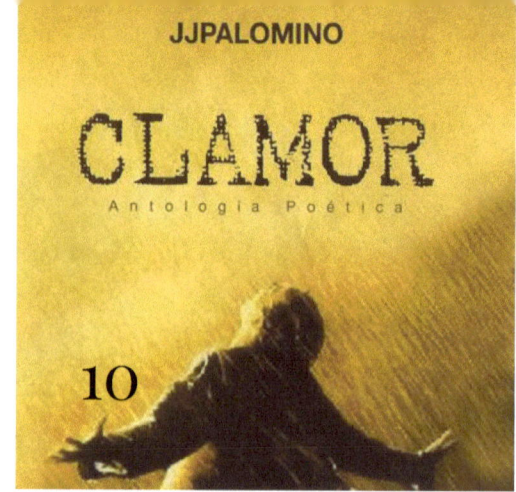

6

JJPALOMINO

CLAMOR
Antologia Poética

10

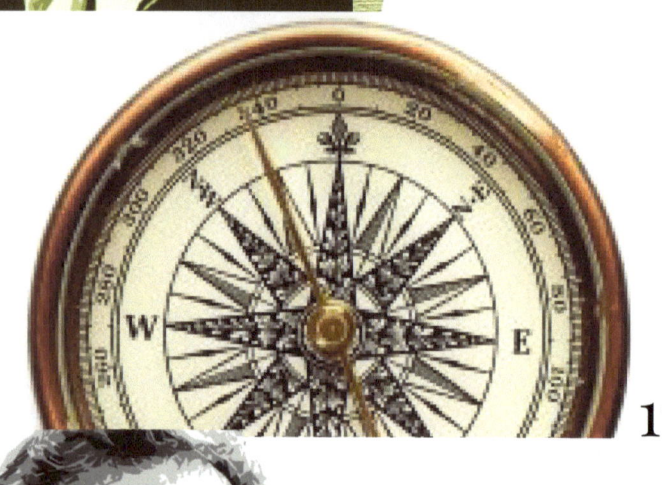

12

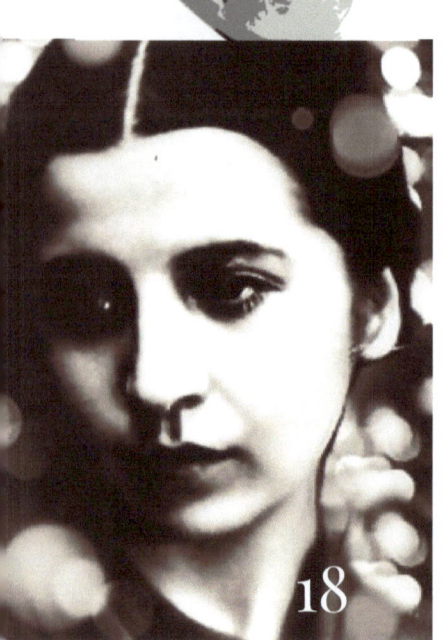

16

18

PORTADA

6 Coincidencias y desencuentros entre García Márquez y Octavio Paz
Janiel Humberto Pemberty

CON LOS AUTORES

10 El Clamor
J J Palomino

INTERIORIDADES

12 Vuelta de Octavio Paz
Omar Castillo

16 El abrazo de la palabra o el Gabo que conocí
Janiel Humberto Pemberty

MUJER POESIA

18 Yolanda Bodregal

RUTAS DE LECTURA

22 Ánfora de luz de Guiomar Cuesta:
El poder del lirismo concentrado
Cristo Rafael Figueroa Sánchez

28 Divinidad y poesía en el país del Diablo de Perla Suez
Pilar Vélez

32 De monstruos y femicidios. Una lectura de los divinos de Laura Restrepo
Elvira Sánchez-Blake

36 La nostalgia hermana a los isleños
Luis León Berreto

38 Diáspora por el mundo: poetas cubanos en Canarias
Juan Francisco González-Díaz

FERIA DE LIBROS EN U.S.A.

44 Unéxito rotundo el 3er. Festival del Libro Hispano en Virginia en la Universidad George Manson
Hemil García Linares

VARIACIONES

48 Agnotología o la necesidad de informarse para decir

¡Gracias! por apoyarnos

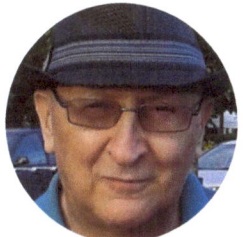
Luis Carlos Fallón

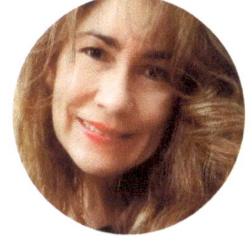
Alba Lucía Vélez

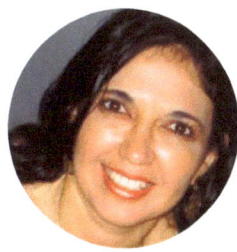
Mary Franz Soriano

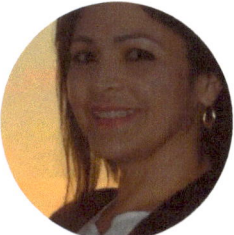
Massiel Álvarez

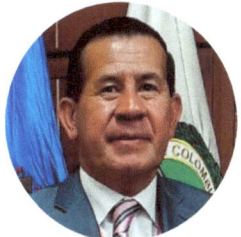
Eccehomo Guzmán

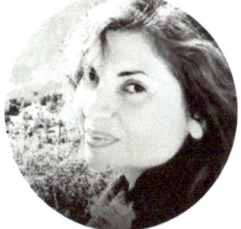
Ana Cecilia Blum

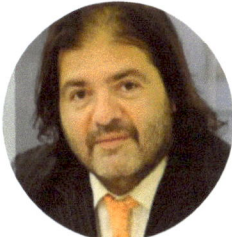
Daniel Mongelli

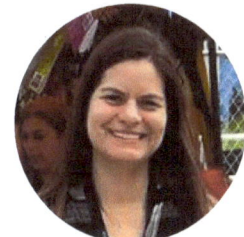
Susana Illera

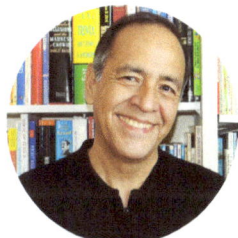
Armando Caicedo

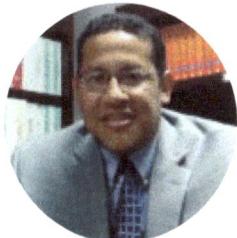
Carlos Zepeda

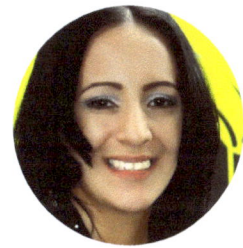
Alejandra García Mogollón, PhD.

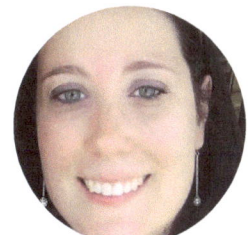
Silvia Rafti

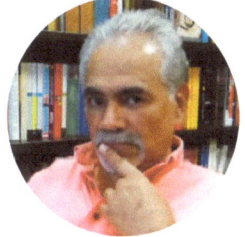
Janiel Pemberty

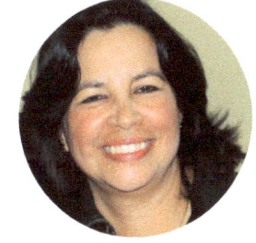
Elvira Sánchez Blake, PhD.

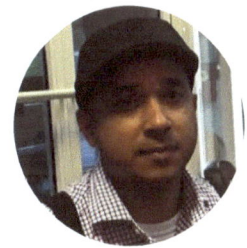
Anibal Anaya

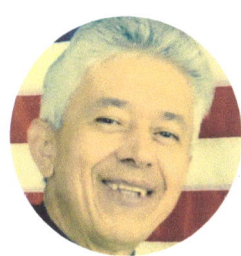
Julio C. Garzón

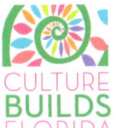
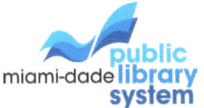
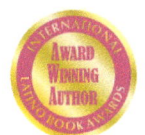
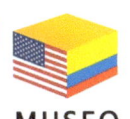
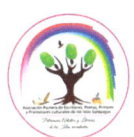
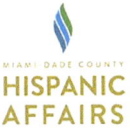
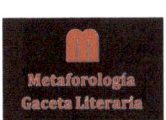

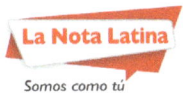
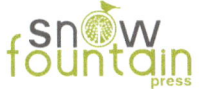
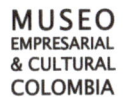
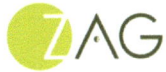
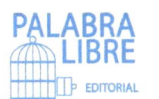
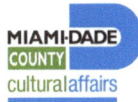

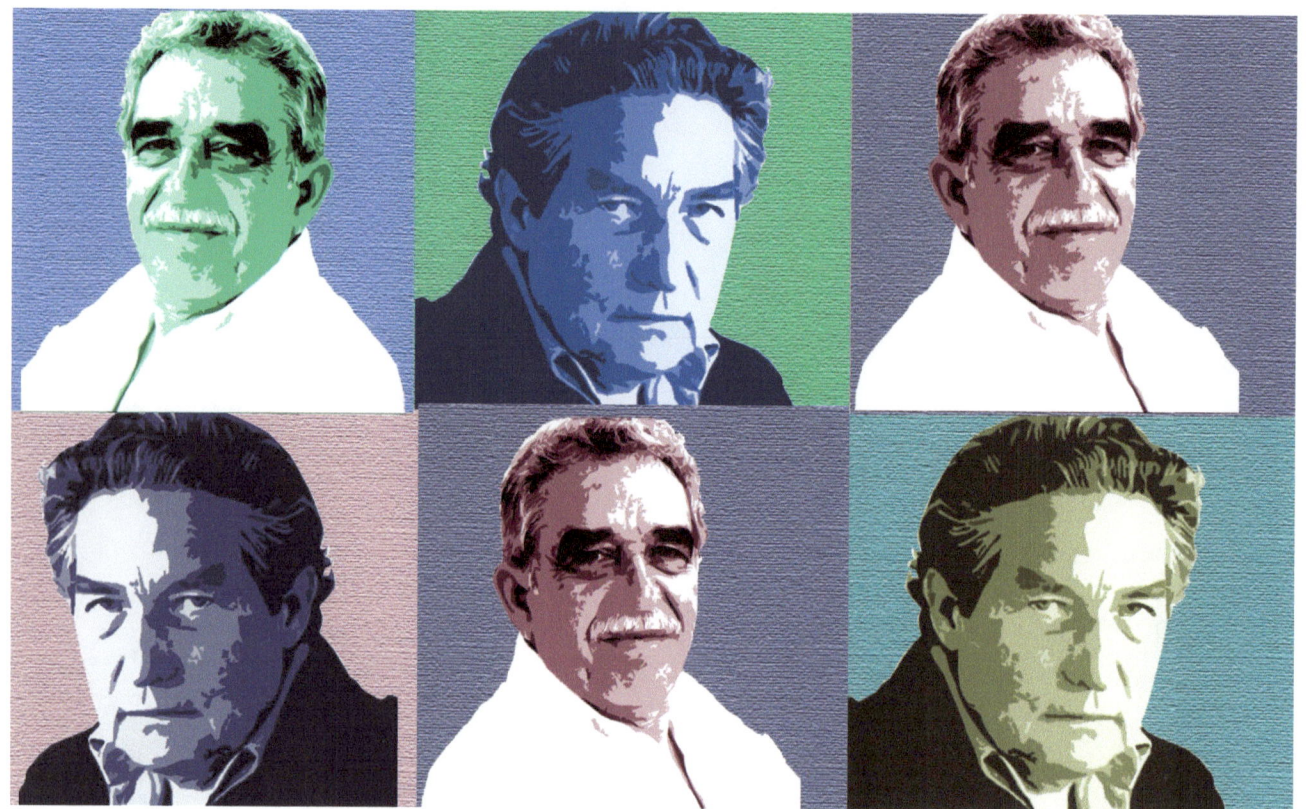

COINCIDENCIAS y DESENCUENTROS entre

Por
Janiel Humberto Pemberty

García Márquez y Octavio Paz

En el pasado 19 de abril se cumplieron 20 años de la muerte de Octavio Paz y el 17, 4 años de la de Gabriel García Márquez. Para recordar un poco sus vidas y obras, POETAS Y ESCRITORES DE MIAMI ha querido rendirles este breve homenaje.

Octavio Paz y Gabriel García Márquez tuvieron muchas coincidencias. Nacieron en un mismo mes: el 31 de marzo de 1914, el primero; y el 6 de marzo de 1927, el segundo. Y murieron en el mes de abril: el 19 de 1998, Paz; y el 17 de 2014, García Márquez. Ambos realizaron estudios de Derecho que nunca concluyeron, fueron galardonados con el Premio Nobel de literatura, residieron al mismo tiempo en la Ciudad de México y murieron en esa misma ciudad. Aunque nunca mantuvieron una amistad cercana, uno y otro disfrutaron un amigo muy querido en común, Álvaro Mutis.

Por más que estos datos no dejan de ser anecdóticos e inútiles, se supone que, al menos, literariamente pudieron haber llegado a tener alguna coincidencia. Y digamos que sí, aunque solo una: la soledad. Las otras divergencias han dado una saludable heterogeneidad a nuestra literatura porque reflejan la variedad del continente latinoamericano, sus inquietudes y problemáticas. Además, ambos son hijos de una depuración histórica en la que el latinoamericano empieza a vislumbrar una identidad que aún no acaba de definirse, pero que entonces se afirmaba al amparo de sus costumbres, maneras y pensamientos, nacidos de la herencia que le dejaron las no tan lejanas conquista y colonización españolas con ese largo manto de sotanas, religión, creencias e ideologías que nos marcaron de una manera tan triste y decisiva.

Por eso sus preocupaciones y sus estéticas abarcan temáticas tan distantes. Y aunque sus cimientos literarios se formaron tempranamente bajo la influencia de un abuelo exmilitar, intelectual y novelista, y una tía con formación literaria, en el caso de Paz; y de una abuela de imaginación desbordada y un abuelo exmilitar, en el caso de García Márquez (otra coincidencia, sin duda), la expresión de esas influencias no dejaría de estar marcada por el entorno cultural de cada uno de manera definitiva.

Su diferente visión política, que a la postre fue lo que terminó por distanciarlos, estaría influenciada también, más allá de su formación intelectual, por vivencias familiares y relativas a sus países y al continente. A los quince años, Octavio era ya un muchacho de izquierda y participaba en movimientos literarios libertarios que le permitieron relacionarse con lo más selecto de la poesía del momento de Europa y América, y gracias a influencias familiares —su abuelo Irineo Paz había sido muy afín al gobierno de Porfirio Díaz, en tanto que su padre fue muy cercano a Emiliano Zapata— se enroló en la carrera diplomática.

Pero su viaje a España como invitado de Pablo Neruda al congreso de escritores antifascistas, comenzó a distanciarlo del socialismo pues André Guide, que había estado en la Unión Soviética, escribió en esos días un libro —que comenzó a aislar al autor francés de sus colegas y le valió airados ataques— donde denunciaba ya los destierros a Siberia y el aislamiento a que eran sometidos los intelectuales opositores al régimen. Ese distanciamiento de Paz alcanzó clímax con el caso del poeta cubano Heberto Padilla, que alejó también a muchos intelectuales del momento de la revolución cubana, a la que, en un principio, se sentían románticamente atraídos, y fracturó la relación de los escritores del llamado boom latinoamericano, que nunca fue una escuela o movimiento, sino un grupo que se formó como un fenómeno editorial español impulsado por Seix Barral y Carmen Balcells básicamente.

García Márquez en cambio asumirá una posición de izquierda muy activa y, en contra de las críticas de sus colegas, alcanza una gran cercanía a Fidel Castro, que Gabo definió siempre como una «amistad literaria». Esa posición le traerá no pocos problemas y distanciamientos que culminarían con su asilo en México, en los tiempos del gobierno de Turbay Ayala en Colombia, porque desde un artículo del periódico *El Tiempo* un desconocido lo acusó de tener nexos con el M-19.

Esas posiciones políticas terminaron por acabar con una débil amistad que había comenzado a construirse cuando Octavio Paz, que había renunciado a su cargo de embajador mexicano en la India como protesta por la masacre que la policía mexicana realizó en Tlatelolco para aplastar el movimiento estudiantil de México en 1968, y de la cual se culpó directamente al presidente Gustavo Díaz Ordaz, fue recibido en España por García Márquez, Carlos Barral, Carmen Balcells y otros.

Y el receptáculo principal de esa enemistad vino a ser la literatura, pues escuchando a Octavio Paz y leyendo sus opiniones, no es difícil colegir que unida a sus grandes dotes de poeta, ensayista y conversador, tenía un talante polemista y cierta jactancia que le hacía irse lanza en ristre contra sus opositores o contradictores y así, por ejemplo, cuando García Márquez recibió el Nobel de literatura, Octavio Paz hizo desfavorables comentarios de sus obras en su revista *Vuelta* y hasta llegó a afirmar en alguna ocasión que «la prosa de García Márquez es esencialmente académica, es un compromiso entre el periodismo y la fantasía. Poesía aguada. Es un continuador de una doble corriente latinoamericana:

«...Las sociedades democráticas desarrolladas han alcanzado una prosperidad envidiable; asimismo, son islas de abundancia en el océano de la miseria universal. El tema del mercado tiene una relación muy estrecha con el deterioro del medio ambiente. La contaminación no sólo infesta al aire, a los ríos y a los bosques sino a las almas. Una sociedad poseída por el frenesí de producir más para consumir más tiende a convertir las ideas, los sentimientos, el arte, el amor, la amistad y las personas mismas en objetos de consumo. Todo se vuelve cosa que se compra, se usa y se tira al basurero».

Fragmento del discurso de Octavio Paz en el acto de entrega del Premio Nobel de Literatura. Estocolmo, Suecia, 10 de diciembre de 1990.

la épica rural y la novela fantástica», un comentario un tanto despectivo y que linda casi con el insulto literario.

En el encuentro *El siglo XX: la experiencia de la libertad*, que se celebró en México convocado por él, Octavio Paz hizo fuertes críticas a García Márquez y a Carlos Fuentes por no haber asistido al mismo, calificándolos de apologistas de tiranos. «Ésta es la realidad de la izquierda. Hay que decirlo y decirlo en voz alta. Hay que aprender a decir y a escuchar la verdad: hay que criticar tanto el estalinismo de Neruda como el castrismo de García Márquez».

y de su tiempo, los enfoques de ese testimonio son diferentes, lo cual, dicho sea de paso, demuestra una vez más la diversidad con que la literatura mira la realidad. La mira, nos la muestra y nos la revela como verdad. Pues lo que Octavio Paz realiza o señala con sus ensayos sobre su tiempo, el tiempo, la poesía, el devenir y el hombre, con una perspectiva universal y cosmopolita, García Márquez lo hace con su narrativa desde la que explica, critica, refleja y muestra al mundo la idiosincrasia de los gobiernos latinoamericanos, del ser latinoamericano, de la cultura latinoamericana, asentándose en un mundo patriarcal y mágico. Una realidad que comienza en México, que atraviesa el continente, que se acentúa en Colombia, por ser él colombiano, pero que se prolonga hasta el sur del continente sobre todo con sus visiones de las dictaduras que recrea en *El otoño del Patriarca* y sobre la historia misma del sur del continente, uno de cuyos protagonistas es Bolívar, sobre cuya vida incursiona en *El general en su laberinto*.

Una realidad latinoamericana recreada en la ficción de *Cien años de soledad*, con la irrupción de una modernidad que evoluciona a tropezones y saltos asombrosos desde un mundo tan reciente «que para nombrar las cosas había que señalarlas con el dedo», hasta el mundo macondiano, invadido por una civilización delirante, en el que lo insólito tiene lugar común, lo sobrenatural no fascina y los prodigios cobran vida de la nada, pregonero del caos y cotidianidad de embustes, imaginación, «malicia indígena» y sangre en que, poco a poco, ha venido a caer Latinoamérica.

Un Macondo, en fin, que presagiaba nuestro continente de hoy, pero donde la corrupción, el crimen de cuello blanco, los subterfugios del poder y la delincuencia no tenían la dimensión patética de hoy porque estaba animado desde sus raíces por el hálito creador, revelador y liberador que anima la poesía y que a pasos tan acelerados y fatales estamos perdiendo.

Hasta donde se sabe García Márquez poco polemizó con Paz a raíz de estas afirmaciones.

Pero, como decíamos, estas posiciones políticas en nada afectaron las carreras literarias de estos dos colosos. Si bien en la obra de cada uno de ellos existe un testimonio de su sociedad

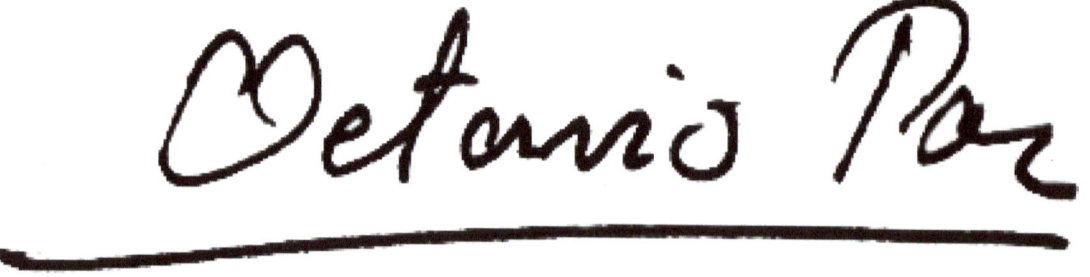

Intelectual, crítico, poeta, ensayista y diplomático, uno; narrador, periodista y guionista, el otro. Mientras Paz se sentía en *su salsa* asistiendo a congresos de escritores, opinando y recibiendo premios, García Márquez detestaba los congresos de escritores, las entrevistas, la televisión, a los intelectuales y a los críticos literarios. Sin embargo tuvieron detractores y enemigos a diestra y siniestra: desde la izquierda, Paz; —sobre todo de la izquierda mexicana— y desde la derecha y la misma izquierda de todas partes, García Márquez; lo que hizo llover sobre ambos comentarios malintencionados, verdades a medias, rechazos y amenazas. Pero nunca claudicaron. Y sus posturas políticas, sobre todo a García Márquez, habrán de acompañarlo como una sombra para siempre.

Su aporte a la literatura latinoamericana fue inmenso. García Márquez supo atrapar en sus novelas y relatos el resultado de la mezcla de los blancos europeos, los negros africanos y los indígenas nativos desde una conquista arrasadora, codiciosa y despiadada y una colonia arbitraria y autoritaria, que con el tiempo se han traducido en un mundo de equívocos y abusos, guerras inútiles, genocidios, exclusiones, persecuciones y últimamente de rapacería sin tregua e ingenio para el crimen, pero que no se agota en su imaginación, en sus portentos, en su vocación mítica y mágica, en su resistencia sin quiebre, en su voluntad de disfrute hasta en los límites de la miseria, en su capacidad de inventarse día a día y de proyectarse hacia un futuro incierto en medio de un tráfago de incertidumbres.

Paz atrapó el alma del mexicano abandonado por sus dioses primitivos, pisoteados por el invasor, que igual pisoteó sus mujeres y sus valores, enfrentado a la ruina de su mundo primigenio, dolor transmitido en la sangre por sus ancestros. Por ello ha aprendido a ver a la muerte como una hermana, a solazarse en los amores truncos y su pasión goza y destruye. Y todavía más: en ella atrapó una soledad que de alguna manera habita en el latinoamericano y que había estado enterrada, pero que la literatura, desde sus profundos arcanos, comenzó a revelar como nuestra identidad, como el ser latinoamericano. Una soledad que conlleva a otra más triste y frustrante, enunciada por Paz e insinuada por García Márquez: la gran soledad de Latinoamérica es su aislamiento de la historia de la humanidad.

«...Ante esta realidad sobrecogedora que a través de todo el tiempo humano debió de parecer una utopía, los inventores de fábulas que todo lo creemos, nos sentimos con el derecho de creer que todavía no es demasiado tarde para emprender la creación de la utopía contraria. Una nueva y arrasadora utopía de la vida, donde nadie pueda decidir por otros hasta la forma de morir, donde de veras sea cierto el amor y sea posible la felicidad, y donde las estirpes condenadas a cien años de soledad tengan por fin y para siempre una segunda oportunidad sobre la tierra».

Fragmento del discurso de Gabriel García Márquez en el acto de entrega del Premio Nobel de Literatura. Estocolmo, Suecia, 8 de diciembre de 1982.

Imágenes:
Imágenes con derechos libres tomadas de Wikimedia Commons e intervenidas con software de diseño.

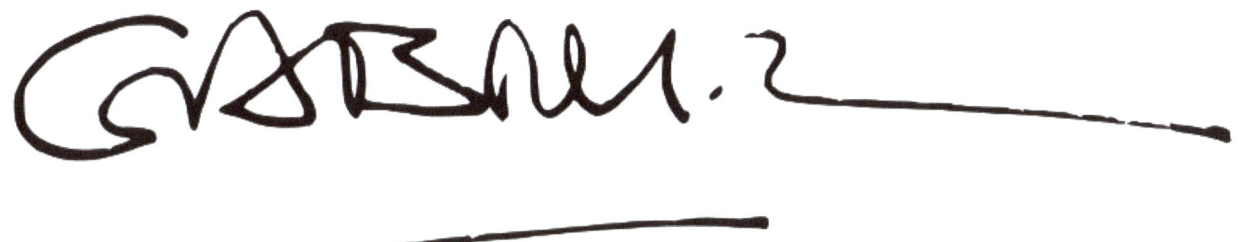

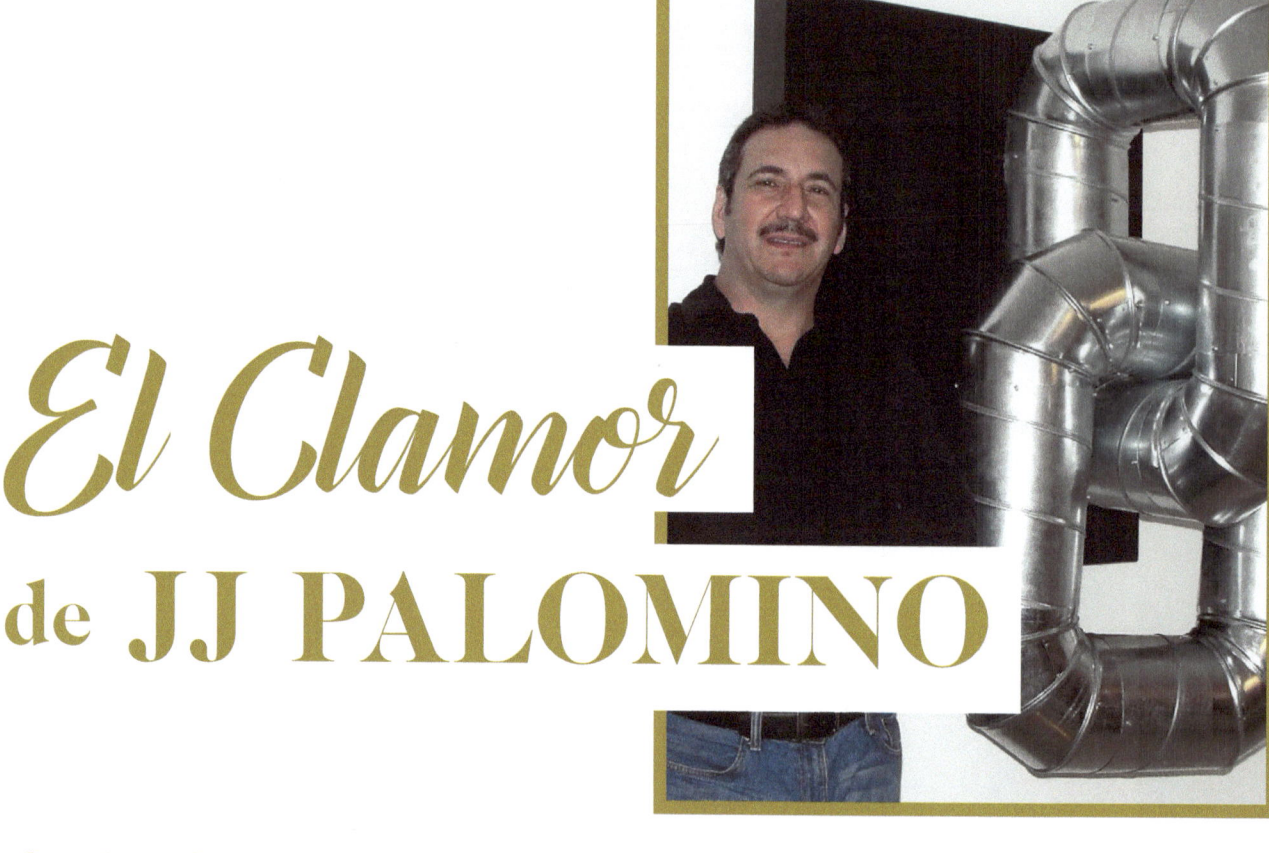

El Clamor
de JJ PALOMINO

John Jairo Palomino, (JJ Palomino) poeta, animador cultural y escultor nos cuenta sobre su poemario dedicado a los emigrantes.

Por
J J Palomino

Háblanos de tu libro Clamor

Clamor es un libro furioso y sincero desde sus primeros versos.

¿Es Clamor la expresión de tu sentir hacia el inmigrante?

Mientras el inmigrante es el intruso y el enemigo para el que hay que construir un muro, como lo viene reclamando el presidente de los Estados Unidos Donald Trump, para mí el desterrado del sur es un héroe, como lo digo en mi poema «Estrella del norte».

¿Es el emigrante un héroe que está contra el muro?

Buena pregunta. Creo que hay mucho de heroísmo en alguien que se atreve a emigrar. Además esa es y ha sido la naturaleza del ser humano. Los peregrinos y fundadores de esta nación, los del *My Flower*, fueron emigrantes hambrientos, europeos que llegaron a estas tierras y fueron recibidos con los brazos abiertos. Porque si no es así, dejemos la hipocresía y de celebrar el *Thanksgiving*.

En cuanto al muro, hoy lo levantamos contra el extranjero por el racismo de los blancos que temen ser desplazados, sentimiento ignorante en el que han caído muchos hispanos lamentablemente. Ya la compasión y los valores de solidaridad con que se fundó esta nación han sido reemplazados por un odio irracional. Por desgracia el peor enemigo del emigrante es su propio hermano. De ahí mis versos que dicen: «inmigrantes que olvidan que hasta sus propias madres fueron inmigrantes».

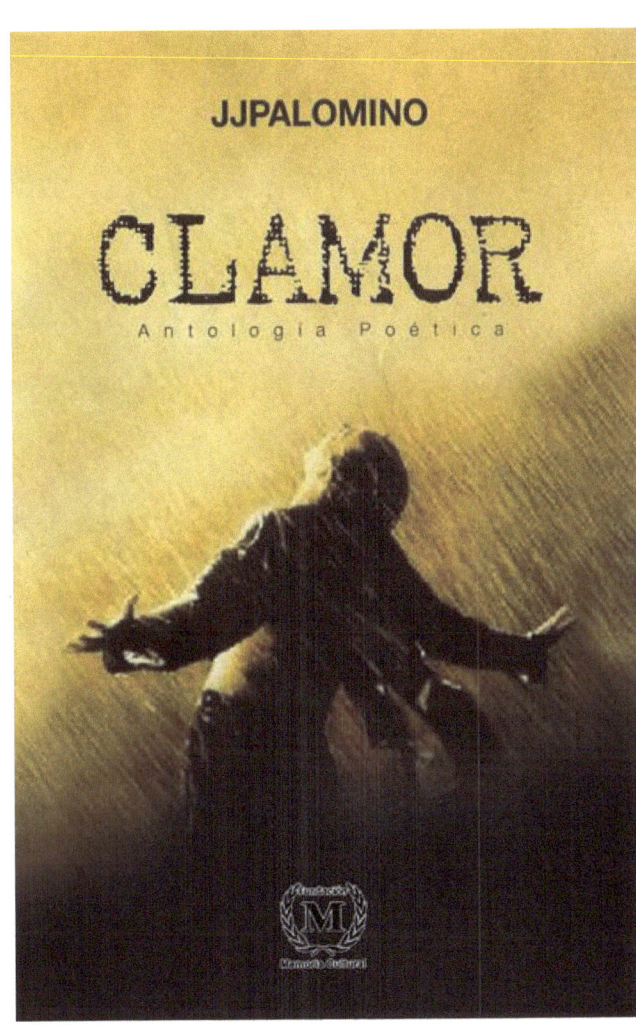

JJPALOMINO

CLAMOR
Antología Poética

CLAMOR

I
Clamo por ti desterrado
hombre sin patria y sin cielo
que sea mi voz el grito
que esperas en el desierto.

Que sea mi mano entre
muchas manos en alto
la que veas saludando
tu llegada entre la multitud.

Clamo por tu causa
por tu herida
por tu orfandad
por el coraje de tu esperanza

II

Como el ave que se posa sobre el árbol cortado
donde estuvo su nido
y canta esperando una nueva primavera
estoy de pie entre los escombros de mi mundo
escuchen mi clamor.

III

¿Y tú poeta soldado de la vida?
¿Dónde estás?
¿Por qué has perdido la fe
en tu verso y tu protesta?
Todo espera por ti
las paredes de las calles tiemblan esperando tus palabras
los hombres explotan y humillan a sus hermanos
su religión es el odio y la codicia.
Grita de nuevo tu verso con furia
recuérdales la profecía del fuego y los desiertos
que no olviden los versos sagrados:
«No quedará piedra sobre piedra»

Vuelta DE OCTAVIO PAZ

Por Omar Castillo

I

El poeta mexicano Octavio Paz nació el 31 de marzo de 1914 y murió el 19 de abril de 1998, fechas entre las que sucedió la existencia vital de uno de los poetas esenciales del siglo XX, siglo tuquio de acontecimientos alucinantes y reveladores en su capacidad destructiva y en lo inaudito de sus descubrimientos. En 2014 se cumplen cien años de su nacimiento.

Aproximarse a la obra de Octavio Paz es aproximarse a la conciencia de un hombre atento a su tiempo, a un escritor y lector que no cesó en sus esfuerzos por aprehender lo que en ese tiempo suyo se involucraba de todos los tiempos imaginados e históricos vivenciados por el ser humano. En su escritura, Octavio Paz se mostró como una de las mentes más esclarecedoras del hacer poético en el siglo XX. La suya fue una mente cuya capacidad para establecer sus percepciones y sus visiones, ya en sus poemas, ya en su prosa, es algo que conmueve y causa admiración, respeto entrañable. Con sus poemas hizo aprehensible el imaginario de una realidad que se consume entre el fuego y la penumbra de sus revelaciones, una realidad donde la vida enseña sus constantes maravillosas, su fuerza devoradora, su sed y su agua, su piedra y su abismo. En sus ensayos consiguió que creadores de distintas tendencias y maneras expresivas se hicieran aprehensibles para más lectores o espectadores,

pues la nitidez de sus apreciaciones, lo penetrante de su ver se convierten en puentes que permiten entrar al misterio de las atmósferas y lo enrarecido de la luminosidad que exploran y exponen en sus obras estos creadores.

Para Octavio Paz la experiencia poética se funda en la lucidez que le permite adentrarse en el incognito humano, en las capas de su realidad y en el súbito de su otredad. La obra de Octavio Paz crece en su tiempo y, por las analogías del suceder del tiempo mismo, no deja de revelarse como un hecho vital en el nuestro. Su escritura se extiende en el tiempo igual al cuerpo de una serpiente que muda de piel cada que es necesario, una serpiente que vuela en el sueño ontológico, o se enrosca y oculta en las arenas del habla humana, usando esa habla para nombrar por un momento el inaudito donde se consume y renace el asombro de la realidad, flor de palabras predecibles e impredecibles, flor hecha fuego creciendo en las cavernas de la noche humana, flor emulando con sus pétalos la luminosidad del sol que la vuelve alimento de comunicación.

En el itinerario creador de Octavio Paz su obra crece cuando él, respondiendo a sus necesidades, hace suyas las tradiciones creadoras que prenden en las culturas del mundo, lo que lo convierte en un devorador del arte de su tiempo,

tiempo que a su vez se nutre de otros períodos culturales en la historia de la humanidad, en un poeta dueño del don de la ubicuidad para la experiencia de su creación. Esta capacidad desarrollada por Paz, a través de su obra, le permite a la tradición de la literatura escrita en idioma español sustentarse, para su reconocimiento, en las maneras de raciocinar y de aprehender de quienes hablamos y escribimos en ella. Le abre a nuestra tradición vías para desenmarañar el nudo de sus formas y maneras de ser. Asunto complejo, empero fundamental para el desciframiento de nuestro carácter humano y literario. Veamos.

II

En la literatura escrita en español se hace evidente el carácter de quienes pertenecemos a este idioma, pues en ella se refleja nuestra manera de raciocinar, la forma como se establecen nuestros pensamientos y se hacen imaginación que avanza aprehendiendo los sentidos de la vida, del mundo y del universo en todo su delirio y expansión, en sus contradicciones y realidades. No son fantasías, son pensamientos atentos, escudriñando, descifrando. Es insulso reprocharnos nuestra forma y manera de pensar. Es ignorante el pedirnos raciocinar como lo hacen los alemanes o los ingleses, pues a diferencia de lo que ellos pretenden, nuestros pensamientos no persiguen establecer códigos de interpretación que den como resultado congelar una caracterización, una identidad que defina unilateralmente las condiciones de la realidad. Para quienes tenemos como lengua el español, por las circunstancias históricas en las que se hierve el caldo donde nos integramos, las culturas y el arte del mundo nos son propias, nos pertenecen por la forma como nuestro raciocinar las ha aprehendido.

Nuestra imaginación sucede en un continuo igual al de la libido del universo. Nuestros pensamientos no pretenden hacer del mundo un zoológico donde acomodar y señalizar la realidad para un sistema de ideas. Nuestros pensamientos se movilizan aprehendiendo el suceder de esa libido universal, es decir, crean y en el mismo instante informan su creación sin detener su movimiento.

Pruebas de esto se encuentran en el inicial castellano usado para copiar las jarchas, los cancioneros y romanceros, el Cantar de Mio Cid, donde se escuchan las voces de un pueblo aplicado a escarbar en lo inédito de un carácter que, sospechan, les puede revelar su ser propio, así hasta llegar a la voces de quienes escribieron la literatura del llamado Siglo de oro, en donde la intimidad y las maneras de ese carácter se hacen evidentes. Imaginación literaria avanzando en una historia tuquia de claroscuros donde se reflejan sus períodos de esplendor y aridez, de vida en sazón y muerte en ascuas.

De ardua memoria son los períodos sucedidos con el descubrimiento de nuestro continente, de ellos quedan sucesos registrados en los escritos que se conservan de quienes lo vivieron, fragmentos donde narran de la conquista y los hechos durante la colonia.

El descubrimiento de nuestro continente forzó el encuentro de formas y maneras de producir caos y muerte. El aflorar de fiebres recónditas en la condición humana, fiebres que imponen miedo y exterminio. Y en medio de semejante persecución y delirio el cruce del idioma y las costumbres que traían los recién llegados con las metáforas edénicas usadas por las comunidades nativas para su cotidianidad, metáforas tejidas entre lo mítico y lo exuberante de su geografía y expuestas en sus ritos de magia, ya en la luz, ya en la oscuridad, con que revelaban su incógnito y las extrañas formas del silencio de su escritura jeroglífica. También con lo ofuscante de los sacrificios rendidos por los nativos a sus divinidades.

Y años después, durante la esclavitud de los distintos pobladores traídos de África, el cruce con las costumbres y los dolorosos sentimientos de quienes fueron forzados a llegar a unas tierras extrañas, y donde las raíces de su ira y de su risa también prendieron, sumándole al crisol donde hierve nuestra identidad ritmos y matices antes inconcebibles para la vida. Son momentos donde prevalece el ultraje, empero, también lo maravilloso de un mundo haciendo sus raíces en un tiempo donde se cruzan todo los tiempos. Tiempo de signo descifrándose. El mismo donde no para de abrirse nuestra condición.

Por esta identidad informe y maravillosa, abrupta en sus raíces y destino, lanzada a permanecer en la ubicuidad del tiempo, es que desde fines del siglo XIX no se puede concebir el idioma español sin la fuerza que le entrega Hispanoamérica, tanto en el habla como en la escritura. Con las contribuciones de Hispanoamérica nuestro idioma ha alcanzado contenidos y maneras expresivas de una solvencia rítmica y de un imaginario único y en constante crecimiento. Lo anterior nos permite aprehender del proceder devorador de Octavio Paz como poeta y como creador en su relación con el arte y las culturas del mundo, de la amplitud de su conciencia al saberse dueño del don de la ubicuidad para su creación. Nada de lo anterior es de buen recibo por quienes en Occidente se creen dueños del poder de decisión académica en el mundo, pues para ellos Octavio Paz no cumple con sus estándares de obediencia calificada.

OMAR CASTILLO

Medellín, 1958. Es poeta, ensayista, narrador, antólogo, editor y director de la revista *Interregno*. Este ensayo forma parte de su libro *En la escritura de otros, ensayos sobre poesía hispanoamericana*.

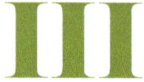

III

En este punto quiero detenerme en *Vuelta*, libro en el que Octavio Paz reúne poemas escritos entre 1969 y 1975 y cuya primera edición fue impresa en septiembre de 1976. Este libro suele asociarse con el regreso del poeta a Ciudad de México, tras años de ausencia a su ciudad natal, la de sus inicios. Y si bien esto puede percibirse, lo que prevalece en el libro es una escritura ubicua, una escritura aprehendiendo la memoria y la realidad más allá de cualquier anécdota. Son poemas vueltos "*sol de palabras*", que se abren en "*un día sin fecha*", hasta alcanzar el cenit de la "*piel sonido del mundo*", que quema "*sin quemarse*".

En *Vuelta* Octavio Paz nos entrega su poder de convocatoria poética, la fuerza de su escritura nos comunica con el destello del fuego ancestral y las brasas del fuego presente mientras arden en cada una de las palabras que él atrapa y vuelve imágenes para las metáforas analógicas con las que aprehende el instinto delirante del mundo hasta nombrarlo por un instante, tan largo como el tiempo vuelto de revés, tan perenne como la duración de una vida. El poeta nos entrega "*la otra cara del tiempo*", hecha de palabras que parecen incinerar cuanto nombran, al tiempo que resurgen de entre sus cenizas como el fénix del habla en la comunión con la realidad.

Para la escritura de los poemas que componen *Vuelta* Octavio Paz no acude al empleo de palabras domesticadas por la costumbre, y con las cuales le sería fácil dar cuenta de las nostalgias, o de los caprichos reflejados en los decorados de una existencia patinada por sus logros o por sus fatigas. No, esa retórica le resulta estorbosa. *Vuelta* es un libro fundado en las raíces del presente asumido como la veta donde prende el lenguaje con el cual el ser humano no cesa en su aventura de nombrar. *Vuelta* es un libro de poemas del tiempo hecho verbo que se abre y se cierra revelándose en un instante único y diverso.

En los poemas que inician el libro *Vuelta*, el poeta nos comparte su saberse en un tiempo de raíces cuyos significados no cesan para quien se mantiene alerta, para quien sabe aprehender cada instante como si fuese el primero. Para él ver es un acto palpable desde el abecedario que dio inicio a

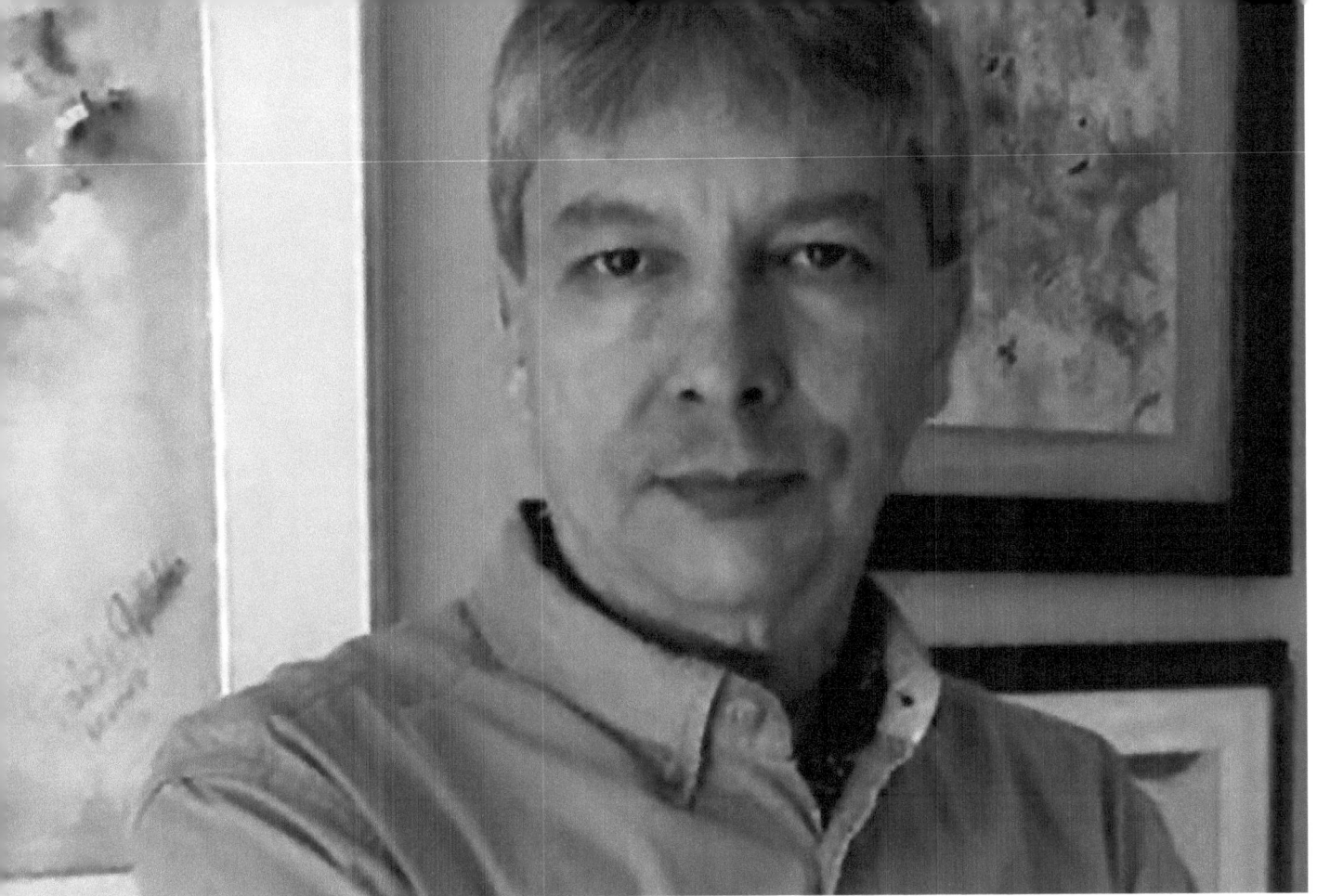

su escritura, la que nos invita a participar, a ser activos en su lectura, por ejemplo, si entramos en su poema "El fuego de cada día" nos encontramos con que sus versos, sus palabras, lo nombrado son aire haciéndose y deshaciéndose sobre la página vuelta edificio invisible y visible para el lenguaje donde el hombre es quemante en sus fuentes y desemejanzas. *Vuelta* es un libro magnífico. Es un libro donde los poemas que lo componen no presumen una unidad temática, pues es la vuelta, el mirar, el ver constante del poeta lo que se celebra y da unidad al libro. Su ver y palpar como el aliento que impulsa su creación. En los poemas de *Vuelta* cada imagen es posible desde el silencio y el aullido que el poeta ha aprehendido. Paz es un creador de itinerario y disciplina, de vida sin artificios, dado a los interrogantes que el universo implica y a los pliegues donde se cifran sus contenidos. No escapa a lo coloquial, no se queda en lo mítico. La lectura del libro avanza como una extensa oración que prende de verso en verso, construyendo sus significados, deshaciendo sus significados, convirtiéndose en un monólogo coral. En la huella de un coro tuquio de sentidos, en una huella irrepetible en el tiempo donde no cesa de ser consumida.

Octavio Paz consigue en su libro *Vuelta* que en sus versos aparezcan voces casi anónimas, etéreas huellas que por un instante el poeta convoca para las líneas de sus poemas, rasguñándoles sus imaginarios e historias. Manchas húmedas haciéndose una en el tiempo del poeta, creciendo en el aullido de su voz, en el silencio de la página donde cunde la estirpe de su voz, en sus versos que al mismo tiempo son de una intensidad íntima y exterior capaces de nutrir la atmósfera, el dibujo donde no para de hacerse y deshacerse el libro.

Vuelta no es el libro de ocasión donde el poeta aprovecha para dar cuenta de su regreso a su ciudad y cuanto ello pudiera implicar en su recuerdo. *Vuelta* es el libro de la imantación, donde sus poemas convocan el suceder como un tiempo presente, empero un "*presente intocable*", de raíces "*escritas por el sol*". Siempre en las ascuas del hallazgo, "*la memoria y sus moradas*" inéditas. Y con el poema "*Nocturno de San Ildefonso*", el libro alcanza el cenit de su fuego y se suspende en el tiempo que se inventa una y otra vez, propiciando el umbral donde el poeta expone con su escritura un vacío hecho de palabras. Es preciso acudir a las mismas del poeta: "*La poesía no es la verdad: /es la resurrección de las presencias, / la historia / transfigurada en la verdad del tiempo no fechado*". Entonces comprendemos que Vuelta es el libro de las palabras en resurrección.

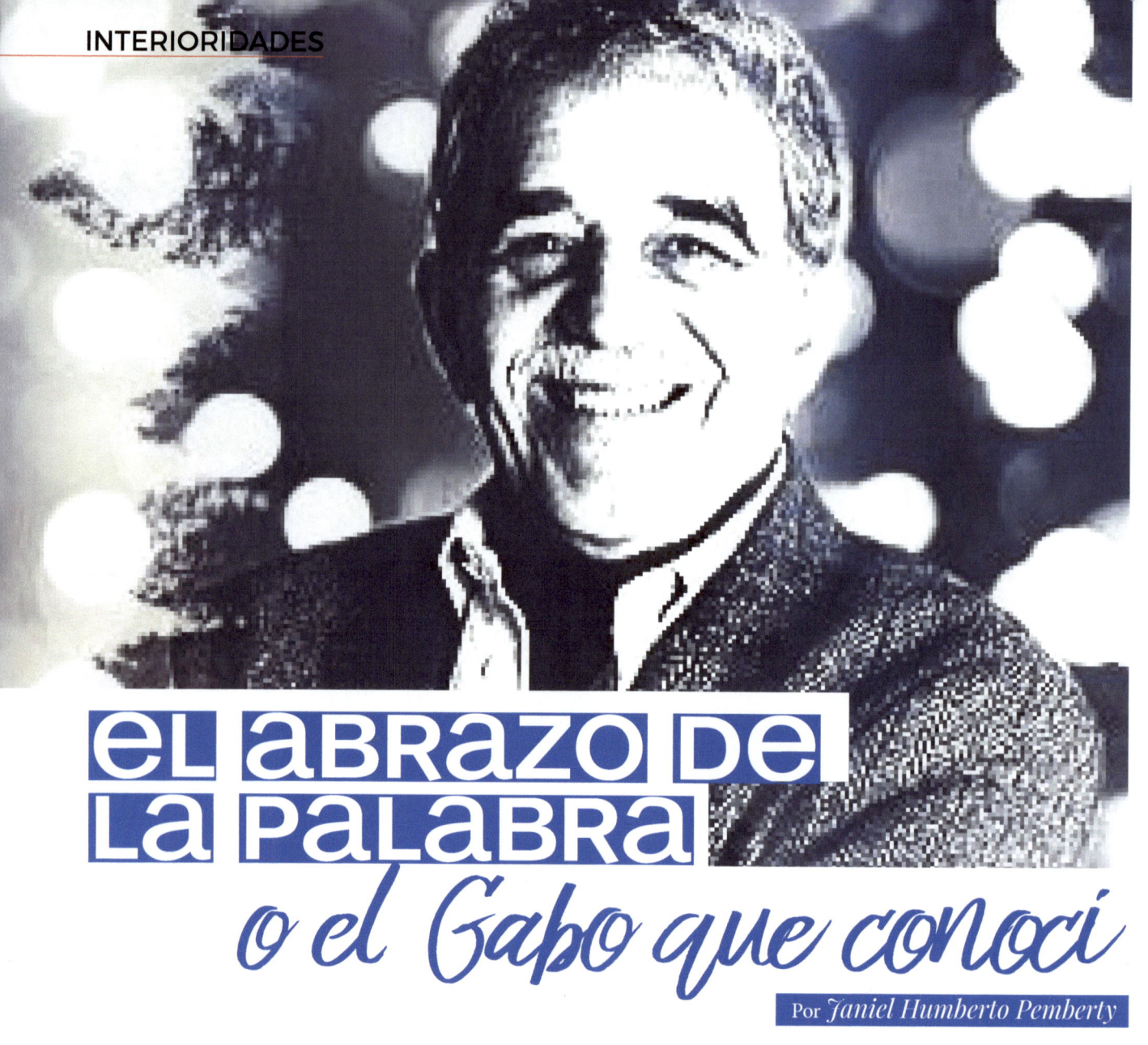

EL ABRAZO DE LA PALABRA
o el Gabo que conocí

Por *Janiel Humberto Pemberty*

A cinco años del deceso de Gabriel García Márquez, la revista
Poetas y Escritores de Miami quiere registrar el sentimiento
que la noticia despertó en un miembro de nuestro equipo.

La noticia me llegó en pleno trabajo al aire libre y bajo un sol calcinante. Me la dio por teléfono mi hijo Juan Pablo desde Nueva York: padre, Gabriel García Márquez acaba de morir.

Aunque se conocía la precariedad de su salud, nunca pensé que el hombre mediano que entretuvo y asombró a varias generaciones de Colombia y del mundo con su prosa maravillosa, fuera a dejarnos tan pronto. Es más, pensaba sin

saberlo que nunca se iba a morir. Que igual a su personaje Melquíades, la muerte se iba a pasar husmeándole los pantalones sin atreverse a darle el zarpazo final. Y sentí el estupor que nos dejan las noticias que nos vacían el alma.

Había aprendido a admirar incondicionalmente a Gabo desde muy joven porque leerlo, sobre todo en *Cien años de soledad* y en algunos de sus cuentos, me transportaba a un mundo mítico y sobrenatural. Pero a medida que fui madurando aprendí a admirarlo más porque comprendí la profunda condición humana de los héroes y antihéroes de sus obras. Y con el tiempo esa admiración lo convirtió en uno de los amigos más fieles y queridos, pues como muy pocos él sabía consolar mis horas de mayor abatimiento. Además, fue él también quien me señaló el camino de la escritura, pues los momentos incomparables que me depararon sus escritos —con el oído del corazón pegado a sus páginas, oyendo su voz de juglar durante largos y estancados atardeceres cuando buscaba un norte lejano a la zozobra infranqueable de mi vida— abrieron mi ansia de contar historias y me sacaron de un laberinto emocional que me ahogaba.

Nunca tuvimos un intercambio personal, pero su semblante de fotografía en mi memoria fue y será portal de lecturas conmovidas que han sido y habrán de ser constantes fuentes de asombro y agua limpia para la sed de mi sensibilidad exacerbada.

Por eso, después de las breves palabras que la emoción me permitió intercambiar con mi hijo, me quedé varado en el resplandor de las tres de la tarde, indiferente al fuego de la canícula, bajo el mismo cielo azul que le había dicho adiós a Gabo momentos antes en Ciudad de México y con la inmensa desolación que dejan los amigos cuando se marchan. Lo curioso en mi caso sin embargo, por decirlo de alguna manera, es que aunque Gabo y yo nunca coincidimos en lugar alguno, estamos unidos por el numen de la literatura, pues ha sido mediante ella que él, sin saberlo, se convirtió en mi mentor narrativo, y fue por ella también que floreció entre ambos una amistad que se sustenta en la admiración y la gratitud de mi parte, una amistad que no se rubricó con un estrechón de manos sino con el abrazo de la palabra. Por eso, al saber que ya no era de este mundo, no pude evitar que el corazón se me sumiera en la tristeza.

Justamente la noche anterior a su deceso, y quiero pensar que más por el sortilegio de las empatías que por puro azar, abrí su libro de memorias *Vivir para contarla* en cualquier página y volví a encontrar intacta la magia de nuestra vieja amistad. Con el mismo tono confidente de siempre comenzó a relatarme cómo su padre había decidido que lo acompañara a Barranquilla para instalar allí un negocio de farmacia y buscar vivienda para toda la familia, y cómo en una de esas noches vivió el único episodio de sonambulismo de toda su vida. Fue una lectura breve, como a manera de saludo, incitada sin duda porque acababa de leer sobre su frágil estado de salud.

El mundo que vivimos está lleno de situaciones insólitas y conmovedoras que solo pueden explicarse mediante la magia del amor, sentimiento al que Gabo dedicó sus páginas más memorables. El amor y la literatura en todo caso, que permiten que dos perfectos desconocidos lleguen a unirse más allá de las distancias y más allá de los decesos, sin siquiera verse, porque volveré a encontrar a mi amigo en sus libros cuantas veces quiera, siempre fiel a cuando lo conocí, y seguiré siendo su amigo hasta que la muerte rompa nuestro ciclo de amistad para siempre. Mientras tanto Gabo seguirá siendo el patriarca de las letras colombianas y continuará pregonando auroras desde las metáforas con que dio brillo y esplendor a nuestro lenguaje y yo seguiré ceñido al abrazo de su palabra.

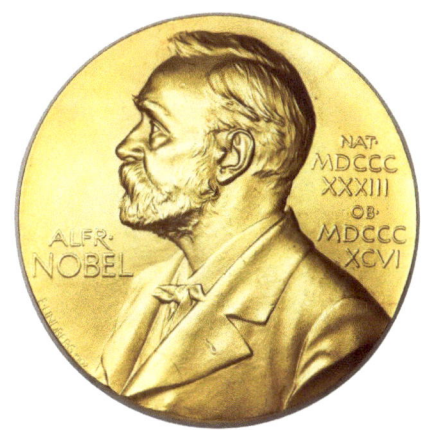
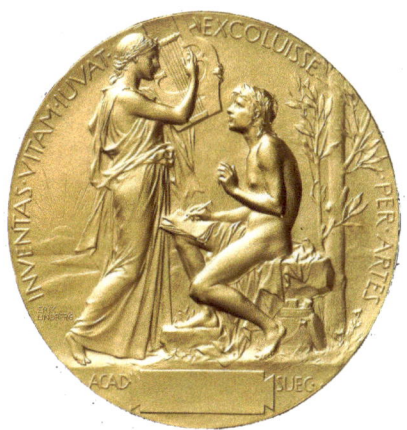

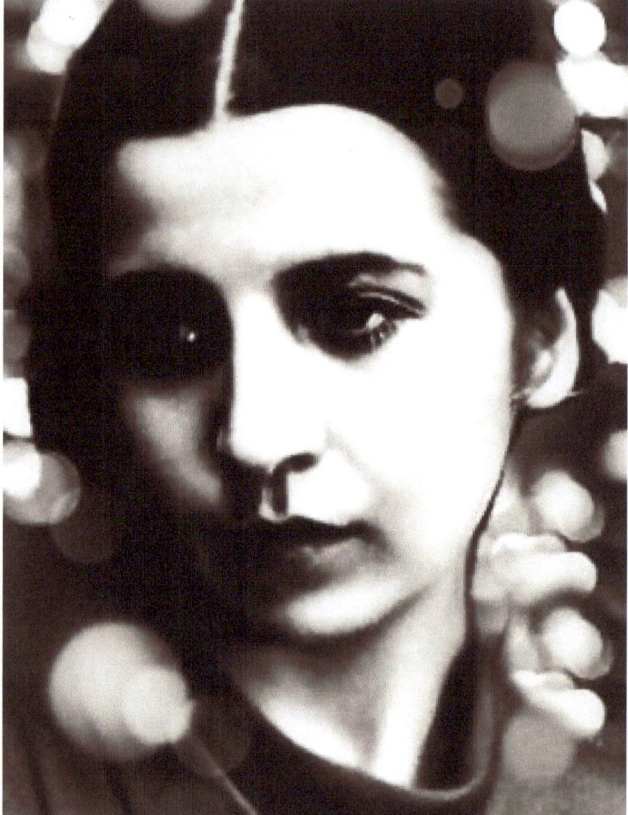

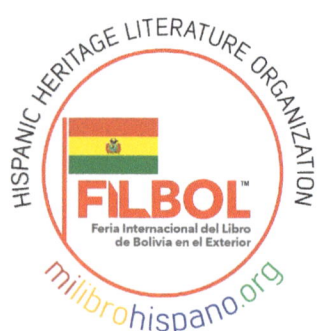

Carmen María Yolanda Bedregal Iturri, de Cónitzer (La Paz, 1913-1999). Poetisa y estudiosa de la poesía boliviana. Hija de Juan Francisco Bedregal, escritor, catedrático, Rector de la Universidad de La Paz y de Carmen Iturri Alborta. Siguió cursos de escultura en la Academia de Bellas Artes de la Paz e Historia del Arte en el Barnard College de la Universidad de Columbia, Nueva York. Ejerció como docente de la UMSA (Universidad Mayor de San Andrés) y en las academias de arte de La Paz y Sucre Zacarías Benavides.

En mayo de 1948 es proclamada «Yolanda de Bolivia» por la segunda generación de *Gesta Bárbara*[1] en el Salón de Actos del Ministerio de Educación, Colegio Ayacucho. La invitación dice «YOLANDA DE BOLIVIA. Homenaje a la inteligencia femenina»[2] y, en abril de 1982 es nombrada «Yolanda de América» por la Sociedad Argentina de Escritores (SADE), en el marco de la VIII Exposición Feria Internacional del Libro.

El 19 de junio de 1973 Ingresa como miembro de número y como primera mujer a la Academia de la Lengua, correspondiente de la Real Española con un ensayo sobre Adela Zamudio.

De acuerdo con Elías Blanco Mamani[3] «La poetisa uruguaya Juana de Ibarbourou la definió así: "Extraña alma de ensueño que desciende a la vigilia lo imprescindiblemente necesario para la vida, en esos poemas -*Naufragio*- nos da sus visiones que tienen a veces la vaguedad de la niebla, a veces la riqueza de los sueños suntuosos y precisos siempre un algo -hálito o luz- muy suyo"».

La obra escrita por Yolanda Bedregal es extensa y comprende varios géneros. **Poesía**: entre los que se destacan *Poemar*, (1937); *Ecos*, (1940); *Almadía*, (1942); *Nadir*, (1950); *Del mar y la ceniza*, (1957); *Convocatorias*, (Quito, 1994). **Narrativa:** *Naufragio*, (1937) y *Bajo el oscuro sol*, (1971). Escribió numerosos **artículos y ensayos** para distintas publicaciones y ocasiones. **Para** los **niños** son sus obras: *Libro de Juanito*, (s/r/f); *El cántaro de Angelito*; (1979) e *Historia del Arte para Niños*, (1947), una serie de 52 lecciones que se publicaron semanalmente en el periódico *La Razón de La Paz*, editado nuevamente en 2009, en homenaje póstumo a la autora. Asimismo, parte de la obra de Bedregal se publicó en la *Antología de la poesía boliviana* (La Paz, 1977) y su obra completa fue reeditada en 2009.

Los poemas «Viaje Inútil» y «Rebelión» que acá reproducimos, fueron publicados originalmente en su libro *Almadía*.

Viaje Inútil

¿Para qué el mar? ¡Para qué el sol! ¿Para qué el cielo?
Estoy de viaje hoy día,
en viaje sin retorno
hacia aquella palabra sin orillas
que es el mar de mí misma y de mi olvido.

Después de que te he dado mar y cielo
me quedo con la tierra de mi vida
que es dulce como arcilla mojada en sangre y leche.

Ahora me sobra todo lo que tuve
porque soy como acuario y como roca.
Por mi sangre navegan peces ágiles
y en mi cuerpo se enredan las raíces
de unas plantas violetas y amarillas.

Tengo en la espalda herida
las huellas de dos alas cercenadas
y un poquito en mis ojos todavía
hay humedad inútil de recuerdos.

Pero ¿qué importa todo esto ahora?
Cuando estiro los brazos y no hay
que no sea yo misma repetida.
Acaso no soy mar y no soy roca?

Misterios de colores en mi vida
suben y bajan en mareas altas
y extraños animales y demonios
se fingen ángeles y flores en mis grutas.

Están demás el mar, el sol, la tierra.

Ahora que he vuelto de un amor inmenso
tengo ya en la palabra sin orillas
lo que pudo caber entre tus manos.

«Publicar es entregarse al lector; sea revistiéndose vanidosamente de los mejores atuendos, sea despojándose de los harapos en que nos deja el caminar para darse en humilde desnudez. Pudiera también que ambas actitudes alternen sucesivamente.

Por su lado, el lector se hace cómplice —aunque sea pasivo- de la obra. Cómplice es decir mucho; juez es decir algo.

El que compra un libro, el que habiéndolo recibido de regalo le hace un sitio en su biblioteca; el que se arriesga a pedirlo prestado y el prestador que se arriesga a perderlo, se complican en diferentes grados con el autor. Habrán —con estos pequeños mecanismos— adquirido el derecho de juzgar. (...) No sé hasta qué extremos autor y lector están equiparados en sus armas, pues algo de desafío hay tanto al escribir como al leer un libro. Probablemente aquí, como en los duelos, hay una ciega elección de espadas...».

Fragmento de «Especie de prólogo para la novela», publicado en el Tomo I de Ensayo, *Obra Completa de Yolanda Bedregal*. Plural Editores. La Paz, mayo de 2009

«Será como esas cajas de sorpresas que empiezan en una grande y encierran otras más pequeñas. Podrás ir abriéndome hasta hallarme, como un regalo de la primavera, intacta, igual que el interior de la última caja: vacía».
Fragmento: «Invitación al viaje», *Naufragio*, 1937

Rebelión

Miraba yo la pampa inmensa soñando con el mar.
Miraba yo la pampa tensa, tan alta, tan serena,
tocando con el cielo su frente de cristal,
un acorde de grises y violetas su manto.
¡Qué altura en la belleza!
¡Qué belleza en la altura!
¡Qué majestad estática en el día altiplánico!

De pronto un niño llora.
Entre la paja brava, con su ponchito viejo
llora un niño. ¿Por qué?
Quién sabe...
El indio aymara lleva el grito en su raza
y su clamor innato
desgarra la serena nobleza del paisaje.

Un niño. Un llanto humano es una herida abierta
que ensangrienta este mundo.

Tiemblan y se estremecen los monolitos míticos
se rompen y entreveran los caminos de paz.
Hay maldad en la tierra.
Arde lo que era hielo.
Las palabras suaves se crispan en los puños
desafiando al relámpago.

Corro sobre la pampa desaforadamente;
me quema el corazón como una brasa.
Hay maldad en la tierra, hay injusticia.

Quizá más lejos halle la bandera que busco.
Quiero la gleba abierta con sus labios de surcos
como un libro de música.

Quiero que se calme este llanto de niño
que es el llanto del mundo.

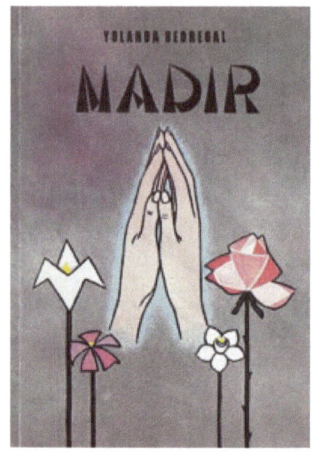

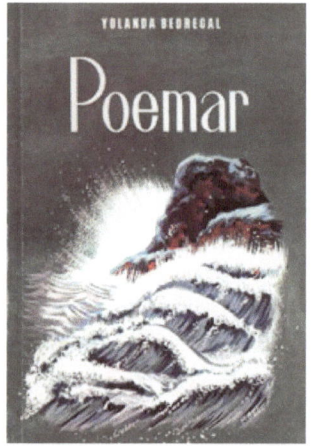

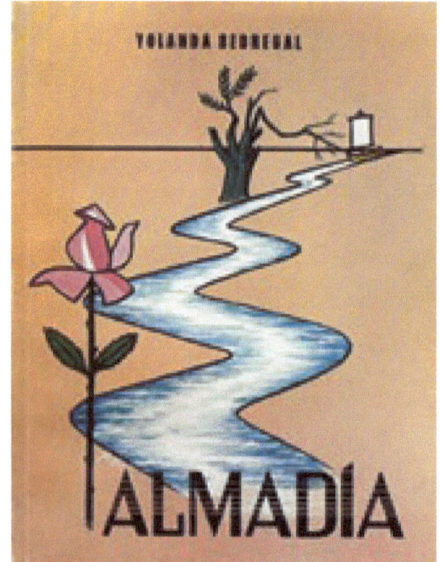

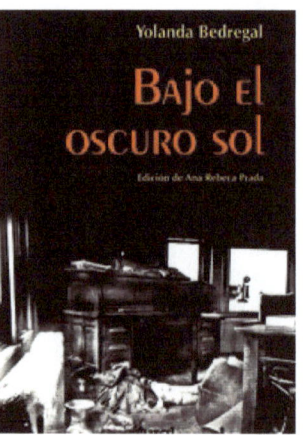

Notas

[1]Gesta Bárbara fue un influyente y reconocido movimiento cultural boliviano nacido en 1918, conformado, fundamentalmente por poetas muy jóvenes. En 1948 se encontraba dirigido por Carlos Medinaceli.

[2] Tomado de http://www.yolandabedregal.com [consultado 03/04/2019]

[3] Blanco Mamani, Elias. Enciclopedia *Gesta de autores de la literatura boliviana*, Volumen 1

Agencia Gesta de Servicio Informativo Cultural/Plural editores. La Paz, 2005

Imágenes

Imagen de Yolanda Bedregal en dominio público tomada de: https://commons.wikimedia.org/w/index.php?curid=24914937

Otras imágenes en: http://www.yolandabedregal.com, autorizadas para su divulgación sin ánimos de lucro.

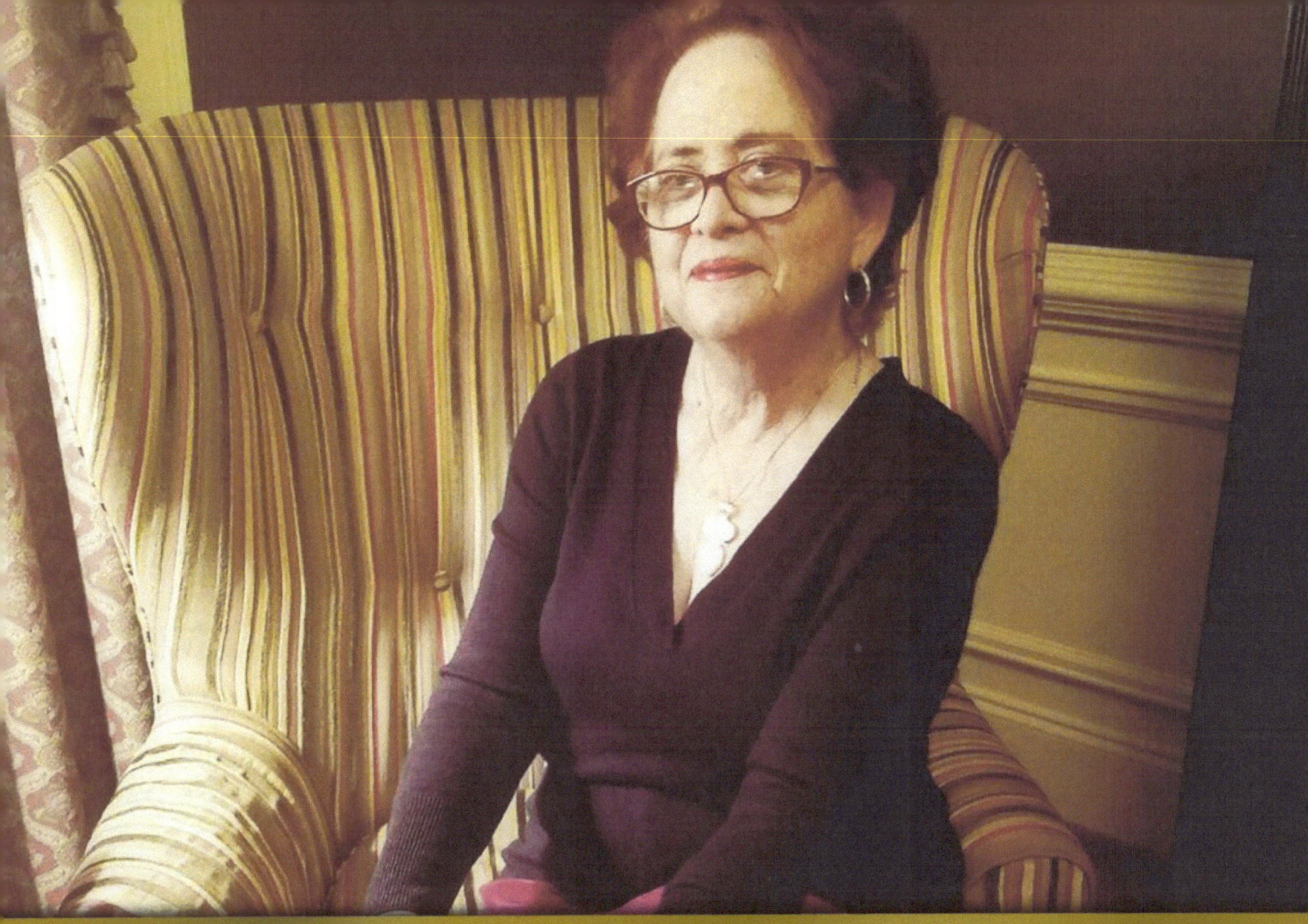

Jenny Salazar

Executive Acounting & Taxes Group, LLC

2260 SOUTH WEST 8TH STREET, SUITE 305
Miami, Florida 33135
Phone: **(786) 287 9902**
Fax: **(877) 445 2014**

Expertise you can count on

Ánfora de luz de Guiomar Cuesta:
El poder revelador del lirismo concentrado

Por: Cristo Rafael Figueroa Sánchez

El mismo título del décimo poemario de Guiomar Cuesta, *Ánfora de luz* (Bogotá: Apidama ediciones, 2015), establece un diálogo cultural con tradiciones cabalísticas y con series simbólico-literarias de origen medieval, vehiculadas en varios casos por Dante Alighieri, para quien, el número diez era precisamente emblema de perfección y de unidad suprema. En este poemario, Guiomar Cuesta, asume el lenguaje poético como manera de percibir la realidad, como intento de interiorizarla o como forma de conocimiento y opta por la condensación lírica como un máximo expresivo, en el cual ya no existe objetividad frente al yo, ni actuando sobre él, por el contrario, las dos esferas se han fundido y todo es interioridad pura: el proceso enunciativo gira en torno al centro secreto del estado de ánimo hacia el cual gravitan las palabras, no horizontalmente, sino en profundidad vertical; de allí la expresión poética contenida/condensada donde pocos pero selectos significantes explotan en múltiples haces de sentido. Esta forma de lirismo es capaz de captar lo que fluye, lo escondido, lo misterioso, lo lejano, lo inasible, y también, es capaz de fundar mundos nuevos y de transitar por ellos.

En esta modalidad lírica, la metáfora, colmada de resonancias, contiene un alto poder de revelación, el cual se reconoce en una forma de iluminación súbita, que no crea una atmósfera enunciativa, sino una forma de imagen cuya autonomía semántica desata en el lector la meditación, la reflexión filosófica o la inquietud metafísica. En efecto, en esta manera de hacer poesía, el pensamiento y la intuición se aúnan hasta el punto de identificarse el cómo se dice con lo que se dice, y dicha determinación poética transforma el referente sensible y lo convierte en revelación instantánea.

En el haber lírico de Guiomar Cuesta, según nos cuenta ella, durante treinta años de producción creativa, habían quedado en el tintero pequeños artefactos de lenguaje cargados de sugestiones, que decide juntar, rearticular y completar con nuevas creaciones realizadas durante el año 2015, hasta conformar el poemario *Ánfora de luz*: pequeños poemas entre una frase lírica y cuatro líneas, conforman minúsculas enunciaciones epifánicas que desinstalan al lector y lo someten a movimientos elípticos que desembocan en actitudes meditativas, desde las cuales puede percibir relaciones secretas entre el mundo, la cultura y la historia, conciliar contrarios o encontrar, como en la más rancia tradición simbolista, redes analógicas entre los seres y entre las cosas.

Dentro de la tradición española, esta opción lírica se arraiga en el centro de determinadas concepciones poéticas de don Antonio Machado, encarnadas en las reflexiones de su alter ego, Juan de Mairena, y al mismo tiempo, por otros caminos, se nutre de relecturas y de adaptaciones/ versiones de la poesía oriental, especialmente de tradiciones chinas, japonesas y sufíes. En efecto, en estos universos poéticos se convoca la totalidad de un cosmos animado y amoroso, capaz de sumergirnos en la vivencia gozosa de un mundo que respira y existe para el asombro, y al mismo tiempo desacomoda nuestras ideas convencionales sobre la movilidad y el reposo hasta romper las habituales distinciones occidentales entre pensamiento y acción, sentimiento y reflexión. La metáfora, desdoblada, se convierte en pensamiento activo, el cual sin esquivar las posibilidades de la reflexión argumentativa, no se limita a ser sólo filosofía, se erige como poesía; por otra parte, este proceso metafórico se hace vivencia en la imagen opaca que convoca al mundo, y al convocarlo, nos lo devuelve intensificado y asumido como verdad íntimamente degustada en la mente y en el corazón.

Dentro de tales trayectos líricos se ubica *Ánfora de luz,* cuyo diseño potencia una metáfora abarcadora de épocas y geografías poéticas el viaje espiritual con sus trayectos, caminos y recodos específicos. No por casualidad, la *Maga de la mar,* quien prologa el poemario, señala con lucidez que «En cada lectura, oral o silenciosa que hagamos de esta Ánfora iluminada, realizamos, hacemos más real, el viaje espiritual hacia los centros de nuestro ser» (15). Y la vía privilegiada para realizar este viaje es la poesía, contenida en o identificada con un ánfora que no sólo evoca los orígenes del mundo y hasta las derivaciones no percibidas de la Vía Láctea, sino que convoca memorias de ánforas orientales y griegas hasta reconocer el ancestro americano que también la nutre: el yo poético reconoce que ha cruzado el volcán Galeras y «la Cordillera Blanca» para beberse las huellas esparcidas por el país de un otro amado. (Poemas 83, 72).

Por eso no extraña la escogencia de la imagen de la luz la misma que Dante seleccionara para dar cuenta del Paraíso como imagen rectora y como calificativo del ánfora. Nuevamente me remito a la voz de la Maga de la Mar, para quien los 141 poemas breves que conforman el libro son 141 vitrales que sumados constituyen «una joya al trasluz» (12), en la cual, como ocurre en el Gótico y en el Barroco, la iluminación no proviene de un afuera, sino que se genera en el adentro oscuro del cosmos o en las profundidades del lenguaje, permitiendo así que lo infinito quede temporalmente atrapado, es decir, que la luz de estirpe divina pueda iluminar las oscuridades inherentes a la visión limitada de los hombres.

Ahora bien, la composición del poemario, iniciada con un *Preludio,* celebra el cabalístico número tres, el cual al multiplicarse por sí mismo, distribuye nueve viajes en su recorrido, viajes de conocimiento y revelación que iluminados por simbolismos de diversa procedencia, intentan recuperar orígenes perdidos, atrapar huellas cósmicas del fluir de la vida y del amor o transitar por caminos renovados que sólo el conocimiento poético permite descubrir.

En efecto, Guiomar Cuesta, decide habitar series simbólicas de rancia estirpe literaria para resignificarlas de acuerdo con sus percepciones y convicciones líricas: el *loto* en tanto armonía cósmica no contaminada o plenitud espiritual; la *Rosa mística,* que inspirada en las letanías cristianas a la Virgen, remite a la resurrección, a la inmortalidad o al Amor supremo, o el *árbol* cuya verticalidad deviene en la perpetua regeneración del cosmos y en la manifestación arquetípica de la potencia creadora. Estas series simbólicas centrales, a su vez se conectan con otras tradiciones de memorias culturales y estéticas donde se destacan las lenguas de

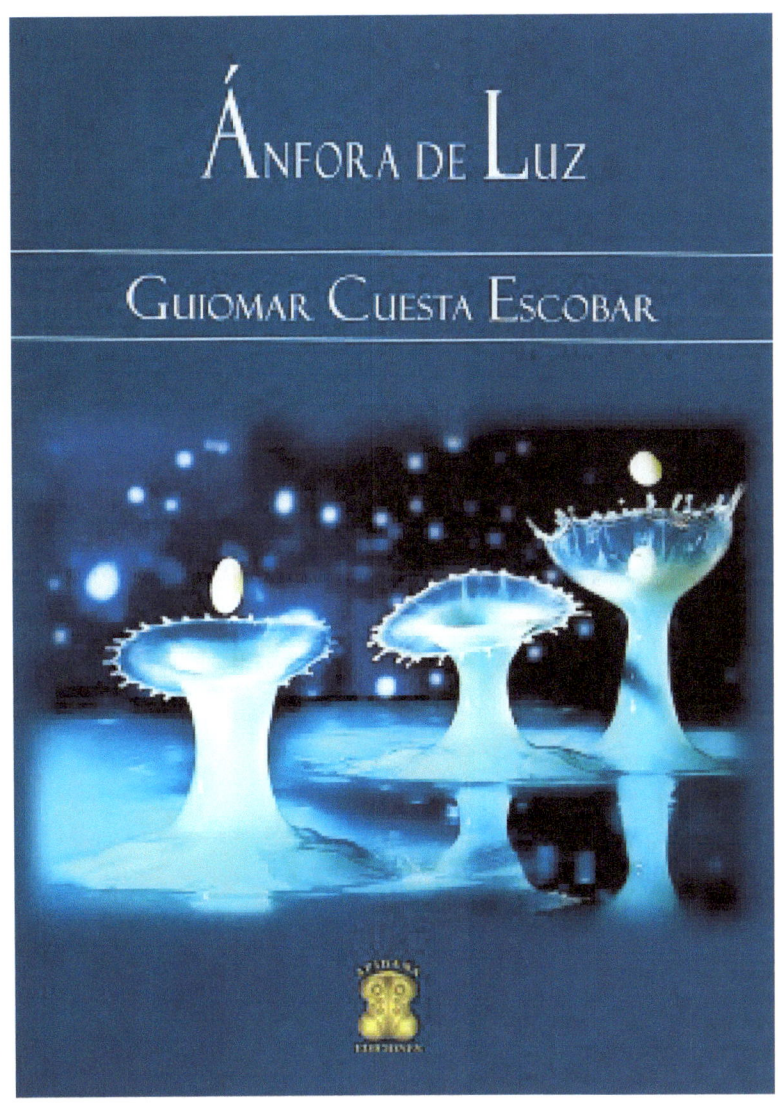

fuego, los corceles de luz, los lagos enigmáticos, los ecos recónditos del caracol, los jacintos iluminados, los cántaros sagrados, animales míticos, etc. En el *Preludio* se enuncia el simbolismo rector del poemario: un turpial embriagado del vino del Ánfora corazón de la poesía interpreta un concierto para el universo, y el yo lírico, también borracho con el mismo vino, recibe la Palabra agua/vida que recorre cada poema.

Así, el *Primer Viaje: El Ánfora* es un intento de definir el ánfora/poesía y las acciones arquetípicas que ella desencadena; sin embargo, a más intentos de definición, más huidizos pero a la vez más reveladores, los contenidos del ánfora: la poesía está inscrita en el cosmos, es la alfarera de una nueva arcilla con la cual se moldea el mundo, solamente ella conoce *los caminos del silencio* y su luz-guía puede descifrar la soledad del laberinto. Incluso, este primer viaje nos permite conocer el momento en que el lenguaje el Jacinto nutre la poesía dejando esparcidos en el mundo aromas de nardo; y cada contacto con el ánfora, genera nuevos conocimientos *pájaros novicios del arco iris;* de manera reiterada, se insiste en las cualidades del ánfora: alumbra el amanecer en que brota

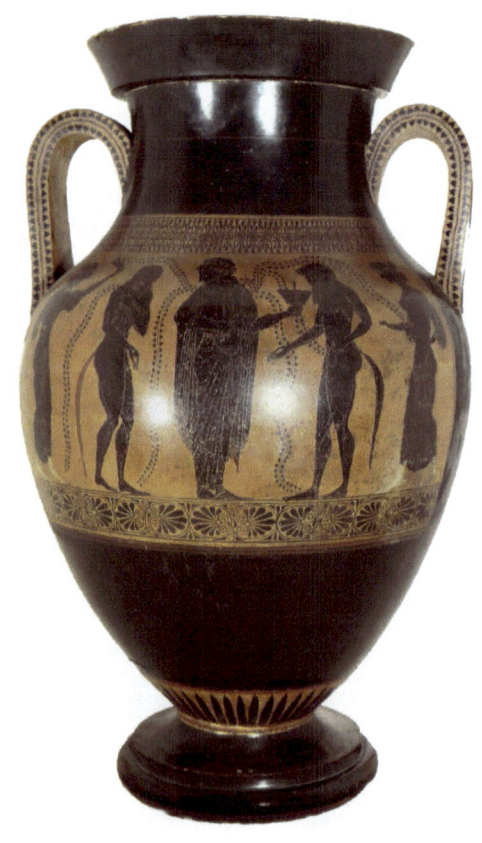

el rocío o contiene la unidad primordial, por ello la noche siempre está ebria de su luz fundadora.

Por su parte, en el *Segundo viaje: Tras las huellas del Ánfora,* se explicita la relación poesía-cosmos: *Miles de soles orbitan/ alrededor del Ánfora/ sonoro corazón del cosmos* (poemas 16, 31). Esta ánfora cósmica protege la noche, contiene el mar y activa el silencio derramando ambrosía. Así mismo, los poemas-frases conducen a los inicios primigenios de la poesía como realidad constitutiva del cosmos: *"nube cósmica", "terremoto estelar", "luna perdida"* en los orígenes del universo, *"astro invisible"* deslizándose detrás del sol, *"estrella vespertina";* en fin, el ánfora cósmica cruza el firmamento y desde los confines del tiempo alimenta la palabra poética, por ello la tríada ánfora/poesía/luz es lo que mejor identifica el quehacer poético del cosmos, tanto que por medio de su contacto, es posible saber de la explosión inicial del Universo, la cual se constituye en la *niñez* del mismo.

La imagen del Cántaro que define el *Tercer viaje,* pariente cercano del ánfora, privilegia la condición continente de la poesía: de dicho cántaro brota el derecho a la palabra, su interior esconde o protege, en su fondo yace una presencia que la voz lírica intuye por medio de imágenes sugestivas: este cántaro se identifica con el corazón del yo lírico y con el corazón del mundo, su agua contiene la totalidad de la vida: es atalaya y cielo, su vacío genera *sed de eternidad* y las palabras que genera llueven sobre el silencio *con su delicioso olor a tierra* (49).

En el *Cuarto viaje. Lumbre de medianoche,* la palabra iluminada que debilita la oscuridad es la protagonista del mismo; la enunciación lírica al inventar o renovar dicha palabra, como un nuevo Pegaso, abre sus alas al sol y propicia encuentros entre amantes: en el amanecer, las vocales pertenecientes al yo, y las consonantes pertenecientes al tú, reconocen su mutua necesidad de cercanía; la casa de la infancia del yo lírico, hecha de palabras, guarda secretos que desplegados en varios fulgores, abren nuevas posibilidades de conocimiento: la soledad del yo se hace discurso que al elaborarse poéticamente, comunica interioridades y estremece la oscuridad de la noche.

Incluso, algún poema-frase nos conduce al momento previo a la articulación del lenguaje en que las vocales sin saberlo, añoran la redondez de la palabra, o a los instantes en que

Todos los libros disponibles en

amazon

La herida
que no cierra

Llanto como navaja de doble filo,
mientras corta el pecho corta también el vientre.

Su deslizamiento no es caricia,
es herida mortal que te convierte en otra.

Ahora entiendo:
a veces cada luna nueva,
tiene que llorar el corazón
e irnos acabando lentamente.

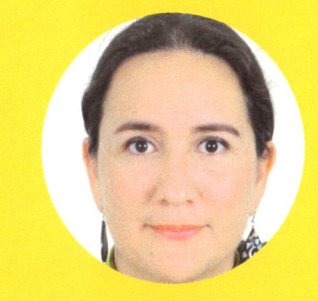

J. Amada Hernández

Con la compra de este libro, apoyas a la organización
Hispanic Heritage Literature Organization / Milibrohispano.org

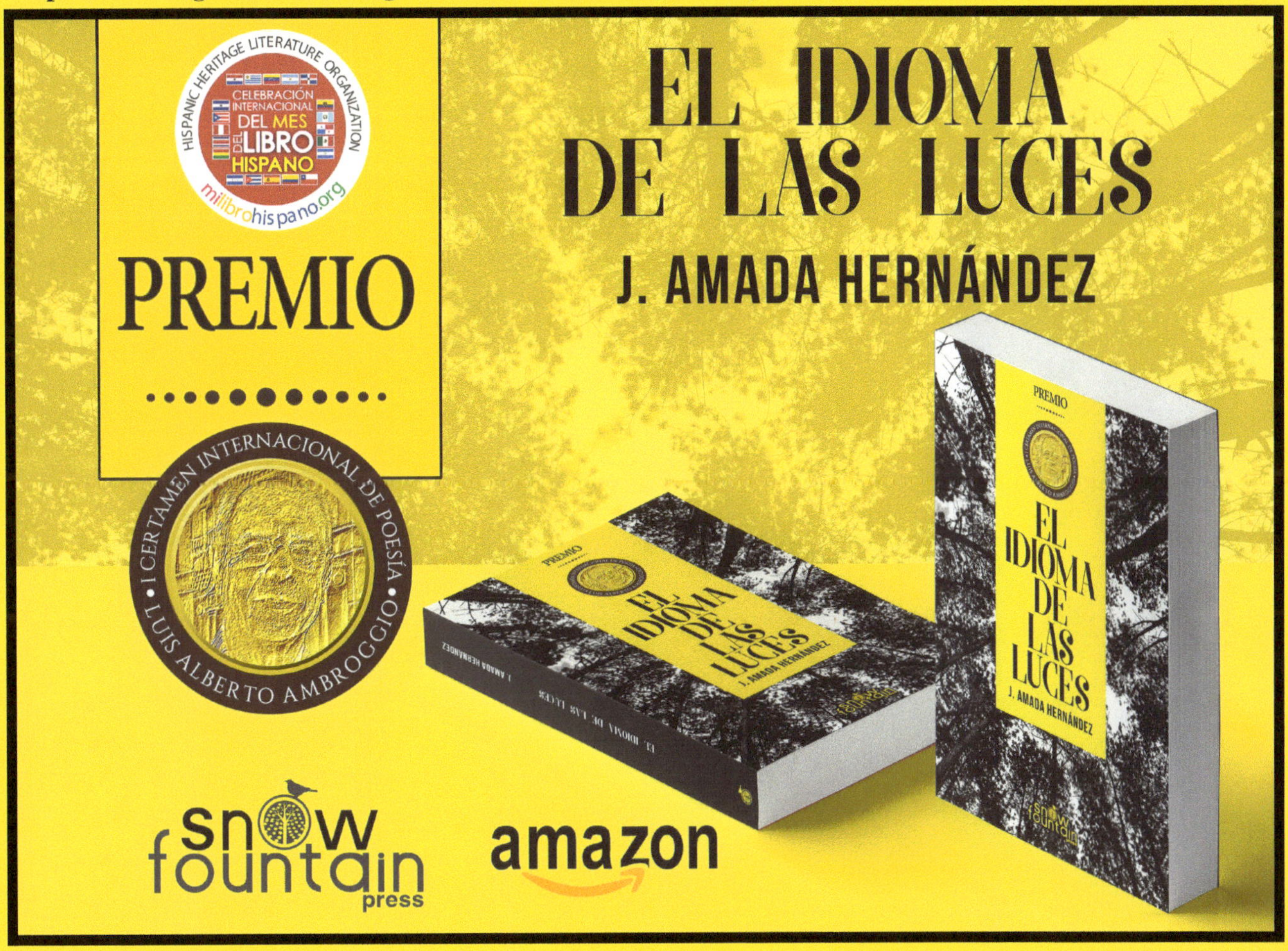

los sonidos se van articulando hasta convertirse en canto del arcoíris. Igualmente, esta palabra naciente danza en el fuego cósmico o se transforma en hoguera que arranca raíces. En esta poética cósmica, el yo lírico se sitúa entre la realidad y la leyenda y desde esta ubicación, su palabra se comporta como testigo de la intensidad de la utopía y se desgarra luego entre la vida-pasión y la muerte-guadaña. En fin, la creación cósmica incluye el nacimiento de una mujer herida simbólica que no sólo cancela la dictadura del silencio eterno, sino que su voz se afirma en los telones infinitos del universo: es gota de cera que quema al alejarse o es mar que contiene las huellas del origen, en cualquier caso su acción es liberadora de fuerzas vitales: *Al entrar en el gran Vacío/ ofrenda al infinito/ se libera mi pensamiento/ y desaparece/toda angustia/ toda duda/ toda sed* (poemas 67, 61).

A su vez, el *Quinto Viaje: Corcel de fuego*, intensifica el erotismo y el amor cósmicos por medio de poemas que apelan por igual a la mente y al corazón del lector: un aleteo de mariposa anticipa la llegada de alguien cuyo beso quiebra la seguridad del yo poético. Esta palabra desemboca en la nostalgia por la persona amada o ratifica su ausencia; el eco del amor, transformado en caracol, permanece por siempre; la entrega amorosa termina en holocausto de los amantes o los susurros contienen huellas de memorias personales y colectivas.

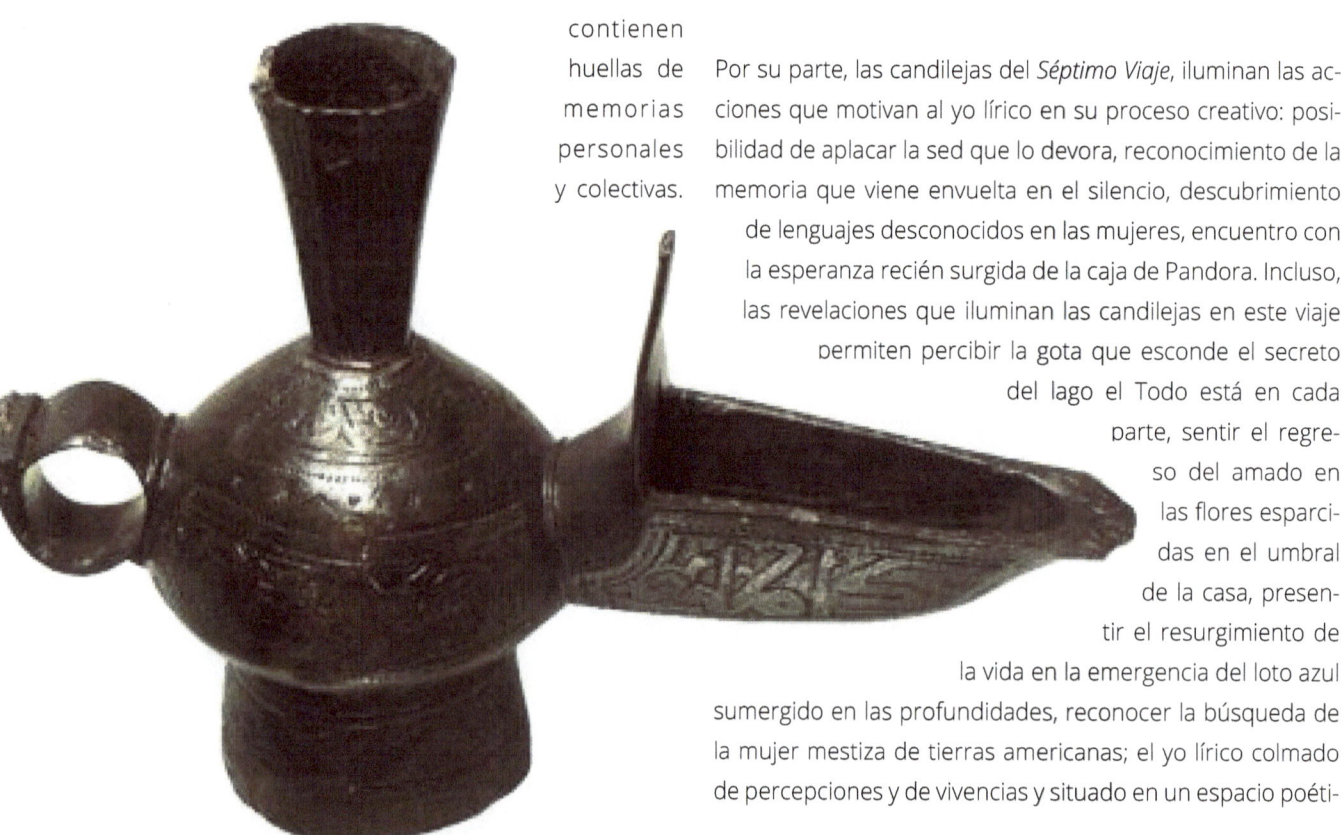

Así mismo, por medio del simbolismo del loto plenitud espiritual y armonía cósmica es posible percibir los efectos del amor: desde el vientre de la madre, el hijo descubre el perfume purificado del loto azul; el recorrido del cuerpo amado desemboca en el origen del mundo donde se escucha *el loto de ocho pétalos* que es a la vez *la Rosa de los Vientos*. Finalmente, el amor con su estirpe milenaria, arroja al yo lírico a las lejanías en que Medea calcinada por su pasión, recorre el cosmos en su *corcel de fuego*.

El *Sexto viaje: Múltiplo del agua*, no sólo intensifica el simbolismo del fluir continuo de la vida, sino que visibiliza pequeñas acciones que construyen/potencian el mundo por medio de poemas cincelados a partir de captaciones de las metamorfosis continuas del yo y del universo: la lágrima al caer sabe de su propia naturaleza solitaria, la boca sedienta de vida, escudriña la densidad del silencio, el corazón se juega la existencia, la unidad oculta del mundo, contiene la espiga de su continuo resurgimiento, la música (andina) alimenta la savia de árboles milenarios, la lluvia como copa de champán cósmico, libera los aromas más antiguos de la tierra. En fin, el yo lírico descubre en este viaje revelador que es un *Jacinto de agua* durante el proceso de poetización/ creación del mundo.

Por su parte, las candilejas del *Séptimo Viaje*, iluminan las acciones que motivan al yo lírico en su proceso creativo: posibilidad de aplacar la sed que lo devora, reconocimiento de la memoria que viene envuelta en el silencio, descubrimiento de lenguajes desconocidos en las mujeres, encuentro con la esperanza recién surgida de la caja de Pandora. Incluso, las revelaciones que iluminan las candilejas en este viaje permiten percibir la gota que esconde el secreto del lago el Todo está en cada parte, sentir el regreso del amado en las flores esparcidas en el umbral de la casa, presentir el resurgimiento de la vida en la emergencia del loto azul sumergido en las profundidades, reconocer la búsqueda de la mujer mestiza de tierras americanas; el yo lírico colmado de percepciones y de vivencias y situado en un espacio poético, sabe entonces de la existencia del alfabeto del loto sagrado que le habla en su lengua madre.

Así mismo, el rico y complejo simbolismo del árbol anima los descubrimientos del *Octavo viaje*: regeneración cósmica, ascenso celeste, potencia creadora. Por eso, el yo lírico confiesa que bebió savia de árboles guardada en el Ánfora, valora la caída de las hojas de la rama herida y reconoce las laceraciones del tallo del árbol/Mundo. Los saberes obtenidos en este viaje apuntan a lo silenciado o menos visible del universo: el río sí conoce la otra orilla por donde circulan las hojas, es palpable el desconsuelo del árbol que ha perdido su follaje o su lenta degradación en chamizo. No obstante, el saber lírico conoce el poder curativo de la naturaleza, cuyo rocío y cuya luz son bálsamo para las cortezas de los árboles. De todas maneras, el yo lírico sabe que el árbol posee un poder secreto al habitar las húmedas entrañas del Planeta.

Finalmente, el *Noveno Viaje: Del bosque y la Rosa Mística,* enfatiza el simbolismo místico que conecta la rosa-alma con el loto egipcio y el narciso griego en significaciones asociadas con el Amor supremo, la resurrección y la inmortalidad: La Rosa Mística se sitúa entre el Ánfora/poesía y la luz que la identifica; esta Rosa viaja por el río y en un ritual sagrado la naturaleza le canta, le desgrana rocío cuando pasa y los árboles respiran su perfume enervante. Como un cierre del poemario, la música del canto lírico vence el dolor y la soledad del árbol, por eso el poema 141 deviene en una oración cósmica o enunciado poético que parece contener los significados ocultos del poemario: *Años luz para el árbol/ entrañar nuevas raíces/ única Rosa Mística* (112): es decir, inmortalidad para el árbol de la vida por medio de la creación lírica, la cual generará nuevos vínculos con la tierra, que en su renacimiento permanente instaura la inmortalidad como sentido último del acontecer humano.

Después de este recorrido por los nueve viajes del *Ánfora,* es indudable que la apuesta de Guiomar Cuesta por el lirismo concentrado, establece nuevos diálogos con algunos trayectos de la poesía colombiana contemporánea, al tiempo que fortalece la conformación de una memoria lírica para apresar el fluido de la vida y del mundo: en esta nueva red lírica, se atraviesa la poesía de *Gustavo Adolfo Garcés,* buena parte del trabajo poético de *Jorge Cadavid,* alguna vertiente

de la obra de *Carlos Vásquez Tamayo,* sin olvidar el trayecto que a este respecto ha recorrido la poesía de *Luz Helena Cordero.*

Cristo Rafael Figueroa Sánchez.
Profesor Pontificia Universidad Javeriana. Bogotá,
noviembre 12 de 2015

Imágenes:
Portada del libro Ánfora de luz. Editorial Apidama.
Ánfora bilingüe. Catálogo Museo Arqueológico Nacional, editado por el Ministerio de Cultura y Deporte. España.
El Candil de Montefrío, pieza de la exposición permanente del Museo de la Alhambra Granada, España.
Detalle de la obra Cántaro de Salvador Dalí. Catálogo del Museo Nacional Centro de Arte Reina Sofía, Madrid. Editado por Fundación Gala-Salvador Dalí, Figueres, 2004.

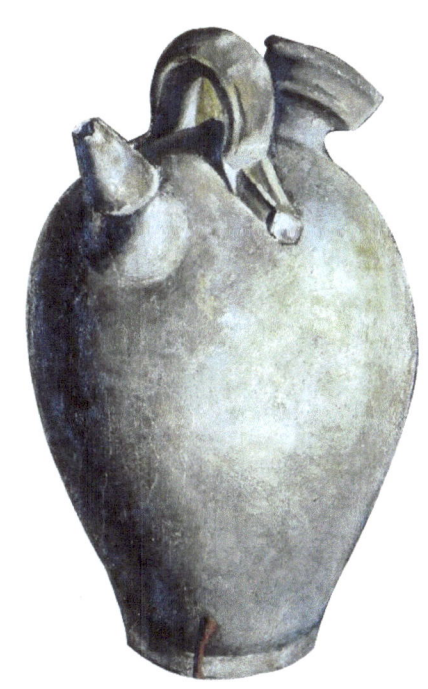

DIVINIDAD Y POESÍA EN
EL PAÍS DEL DIABLO
DE PERLA SUEZ

Por Pilar Vélez

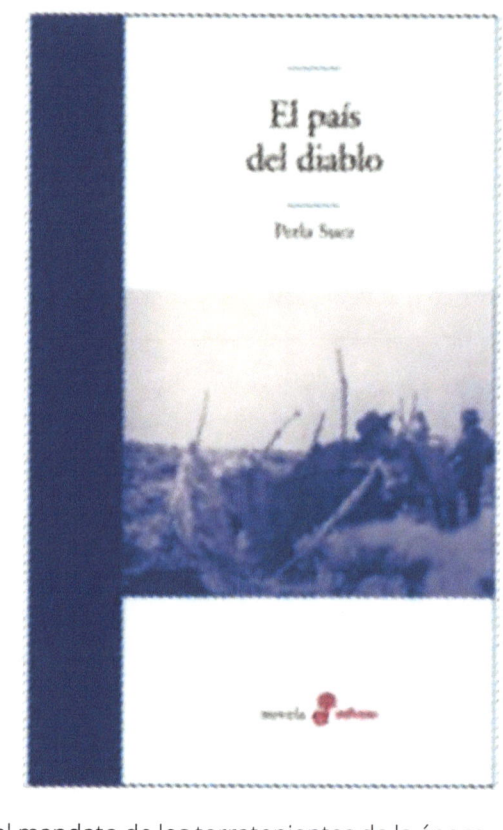

«...*Sólo tengo los muertos que vienen conmigo*».
Lum Hué, la machi

El país del diablo, obra que le mereció el Premio Sor Juana Inés de la Cruz 2015 a la escritora argentina, Perla Suez, es una novela inolvidable, ágil y única en su estilo. Perla Suez ha encontrado una ventana en el tiempo, el año de 1789, para recrear, desde la ficción, una crónica de la barbarie en la Patagonia entre los años 1878 y 1885 y transportarnos a la conquista del desierto argentino.

En este acercamiento pretendo resaltar algunos aspectos que me parecen trascendentales en esta obra, entre los cuales figuran la divinidad del personaje de Lum Hué, la machi, heroína de esta historia, la influencia poética en la narrativa y la relevancia temática de esta novela.

El país del diablo es una novela corta de 153 páginas en las que el lector identificará el estilo narrativo y el ritmo rápido que la autora ha establecido para el deleite de su obra. Sin demora, se corre el telón y el lector entra en una dimensión en la que se queda atrapado en medio del enfrentamiento entre los mapuches y los bárbaros que los exterminan. A través del recorrido que emprende la mágica mapuche Lum Hué, quien no dará respiro ni a los personajes del *País del diablo* ni a sus lectores, nos adentramos en las cruentas escenas del exterminio de los indígenas mapuches, y el proceso de trazar los caminos y alambrar la tierra para la siembra,

de acuerdo al mandato de los terratenientes de la época.

Es importante resaltar las dos citas que evidencian el conflicto y suben el tono de la trama aún antes de comenzar a leer la novela, la primera cita dice:

No estén tristes, no crean que voy a morir, les digo esto para que no se sientan tristes y sepan que yo seré machi[i].

El lector no puede pasar desapercibido al leer esta frase tan significativa de la cosmogonía del pueblo indígena, el mundo de los pillanes (las almas) y el mundo de los hombres, y que es preámbulo a la estructura interna de la novela, la cual está dividida en tres segmentos: Sufrimiento, Muerte y Resurrección; lo que reafirma el carácter religioso representado en Lum Hué, y al que le encuentro cierta similitud con el personaje de Jesús de la religión judío-cristiana, específicamente en estos versículos de la biblia, que relatan cuando Jesús alienta a los discípulos anticipando su muerte y su posterior resurrección:

No os angustiéis. Confiad en Dios, confiad también en mí... Voy a prepararos un lugar. Y, si me voy y os lo preparo, vendré para llevaros conmigo. Así estaréis donde yo esté.4 Vosotros ya conocéis el camino para ir a donde yo voy. (Juan 14).

En uno de los fragmentos de la novela, Lum Hué dice: «... seré machi buena y sanaré a los enfermos y la gente dirá ahora ya no moriremos».

La iniciación de la machi Lum Hué es empañada por la tragedia, pues ese mismo día la toldería en que reside es incendiada y los dieciséis miembros de su tribu asesinados a manos de un grupo de soldados, entre los que se encuentran: el teniente Rufino, el soldado Carranza, el coronel Ordóñez, Ancatril, un indígena que trabaja para el ejército y Deus, el fotógrafo y topógrafo quien tiene la tarea de documentar con sus fotos la destrucción, medir los terrenos y anotar en un mapa los territorios conquistados. Como nota curiosa, este último, a su paso, tiene la costumbre de coleccionar cráneos de indígenas y apoderarse de los objetos que considera interesantes o de algún valor antropológico. Él piensa que los indígenas han desaprovechado la tierra y que es lo propio alambrar para la siembra.

En la cultura mapuche de Chile y Argentina, las machi además de su sabiduría y el poder de la clarividencia, tienen el poder para curar y son consideradas líderes religiosas. En este caso, Lum Hué, la machi de origen mestizo, representa al mesías que el universo ha predestinado para que cumpla una misión, y aunque su tribu le ha sido arrebatada, ella asume su responsabilidad de machi y no descansará hasta vengarse y guiar los espíritus al más allá.

–Yo, Lum Hué, que llevo el número cuatro en mi elemento, el cuatro que es sagrado porque indica la 18 división del universo, el descanso, la lluvia, el tiempo de brotes y de abundancia, también las divisiones de la gente en la tierra y el sol que está en la noche. Tengo la fuerza de una laguna escondida entre otras dos y por eso mi elemento es el agua.[ii]

La machi es el desierto mismo y todo lo que existe. Lo conoce desde sus ancestros. Su imagen se funde

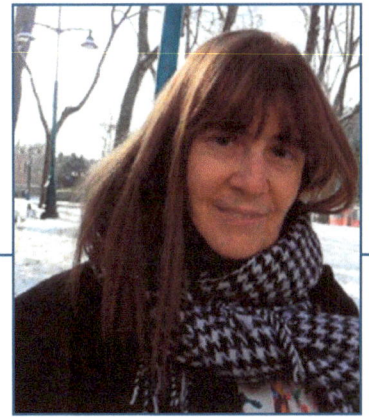

Perla Suez (Córdoba, Argentina) Escritora, traductora y editora. Escritora versátil con más de cinco novelas para adultos y más de una docena de libros en el género de literatura infantil y juvenil. Sus obras han sido numerosas veces premiadas y traducidas a varios idiomas.

en el viento y en la arena, como uno solo. En la voz de la escritora, el desierto abre sus pétalos como una flor arrugada, y junto a lo trágico brotan versos que embellecen lo sombrío.

«...Sólo tengo los muertos que vienen conmigo». Piensa Lum Hué, mientras vigila a los hombres a lo lejos y advierte que si la ven, pueden cercarla. Sin embargo, solo necesita de la compañía de sus muertos, en los que encuentra la fuerza para no desfallecer.

Las descripciones crean los oasis que rompen por segundos la tensión y nos reclaman la presencia de los elementos, como en el segmento titulado «Muerte», donde la autora balancea el contenido a través de los escasos elementos que encuentra en el paisaje y se adentra en la conciencia de sus personajes para recrear y llevarnos a un plano de aparente observación, como se muestra en los siguientes fragmentos, donde el primero corresponde a lo que contempló Carranza minutos antes de ser asesinado y el segundo, al ciclo natural que, poéticamente, confronta la vida con la muerte y la continuidad.

...*Carranza*, boca arriba, hace la plancha tendido mirando con calma las nubes que cruzan. Girones de nubes rojas permanecen quietas flotando en

una calma borrosa sin viento, y no puede distinguir si la laguna es gris y el cielo es rosado y viceversa. Vuelve la cabeza hacia la orilla, la arena retrocede hasta que se desvanece. Su cuerpo queda a la deriva como un palo que flota, un durmiente.

...No lejos descansa el esqueleto de una acacia con sus espinas de cinco puntas que adornan la vista y un cactus lleno de agua viva tan verde como las enredaderas de los humedales. Su tallo se alza un metro y medio sobre un banco de arena. Ha dado una flor de estambres blancos, veteada de púrpura en el centro».

...El cielo y el blanco de la sal no se juntan en el horizonte de la Araucanía. Desde el salitral se ven reflejos de cerros, toman el color del ónix, crecen y desaparecen.

Sus descripciones develan la armonía como telón de fondo de la trama, lo que da lugar a esos espacios de respiración tan necesarios para la construcción de imágenes en la mente del lector.

La autora nos entrega una obra rica en simbología mediante la cual crea múltiples dimensiones. El uso del lenguaje mapuche, en ciertos fragmentos de la novela, documenta y honra la historia a la vez que enriquece la ambientación de la obra, situando al lector a través del lenguaje; a pesar de que no lo comprenda y tenga que recurrir a las traducciones de pie de página. El uso de la lengua nativa

crea la ilusión de los sonidos que se han perdido en el desierto y en el alma de sus personajes.

Los objetos en esta novela son entidades en las cuales se almacena lo que no está escrito, pero que están presentes mágicamente en la trama. Lum Hué es la única sobreviviente de su tribu, y emprende la persecución para hacer justicia y recuperar el cultrún, tambor ceremonial para guiar a los espíritus de los muertos pero no lo encuentra; entonces, se cubre de ceniza para adquirir el resplandor de los espectros. La machi se hace chamán, la sombra que seguirá a Ancatril, Rufino, el teniente, Deus el fotógrafo y Carranza. Uno a uno irán fundiéndose en el infierno de la pampa. Lum Hué debe vengarse de quienes exterminaron a su tribu y complacer a su dios Nguenechen.

La novela nos lleva a través de un viaje iniciático, el recuerdo en el trance, el pasado y las visiones del futuro. Escenas que revelan la impronta con que la autora ha construido a cada personaje. Seres con historias diferentes pero que comparten la condena de sobrevivirle al país del diablo. Sus días están marcados por el salvajismo, el hastío y el odio. Saben que no hay escape y se contentan con los despojos de sus propias miserias, como en aquella escena cuando muere el coronel: el teniente le quita las medallas y Carranza escruta el cadáver buscando el cuchillo de plata.

Otro de los aspectos a resaltar en esta obra es la capacidad de la autora para construir escenas en el desierto donde no hay muchos elementos para elaborar. Estas limitaciones se convierten en fortalezas literarias, cuando logra darle cuerpo al desierto, recreándolo e impregnando de vida a todo lo que le habita. Su entendimiento del desierto, el ciclo de vida de la naturaleza y los elementos combinados con la historia y la creatividad se fusionan creando atmosferas que cual fotografía se plasman en la narrativa. Los contornos de cada personaje son precisos y suficientes para demarcar el universo mental que les habita y sus motivaciones. La forma en que ha dosificado los breves diálogos, con los que aporta al conflicto, mueve la historia y mantiene la tensión durante toda la novela.

Con una narrativa embellecida por poderosas figuras poéticas, la autora ha tejido la atmosfera desolada y misteriosa del desierto, logrando que este sea un personaje más en la novela, igual que lo es el lente de la cámara de Deus, que registra en el tiempo lo que está condenado a la destrucción. La humanidad se recrea en estos personajes, dejando ver sus miedos y la vida que los ha llevado a ese momento de su final, marcado por la venganza de Lum Hué.

La segunda frase que antecede a la novela es de Domingo F. Sarmiento: «...No sean bárbaros, alambren»[iii].

Pero alambrar la Patagonia significa la destrucción de las tribus que allí habitan y convierten al desierto en testigo de la codicia, la violencia, la muerte y la desolación. Gesta que ha sido tema de debate histórico, pues el objetivo era beneficiar a un grupo de terratenientes a costa de la esclavitud y el exterminio de las tribus originarias; por ello, este capítulo de la historia se ha tildado como un genocidio y un etnocidio[iv].

El exterminio a los pueblos indígenas pareciera ser un tema que está recobrando vigencia en la reciente narrativa latinoamericana: Tenemos a Perla Suez con *El país del diablo* (2015) donde nos presenta un lado de la historia del exterminio de los mapuches por parte del ejército y los terratenientes argentinos. Asimismo, y desde otra latitud, el escritor colombiano Marco T. Robayo, nos presenta su novela: *Genocidio: ¿Descubrimiento o exterminio?* (2018) en el marco del hallazgo del galeón *San José* en aguas territoriales de Colombia, donde un grupo de jóvenes profesionales emprende la difícil tarea de demandar a la Corona española por crímenes de lesa humanidad durante los tiempos de la conquista. Igualmente, cabe mencionar la novela *Arauco* (2012), del chileno John Caviglia, que rescata importantes características de la cultura mapuche, la búsqueda del oro y los crueles hechos que se registraron durante la conquista en el siglo XVI. Lecturas que nos traen relecturas de otras obras y que juntas nos acercan a la historia, y a la cultura ancestral que se ha perdido.

Al final de la novela *El País del diablo*, la autora cierra con el epílogo donde le deja al lector la incertidumbre de si ha leído una historia de muertos al encontrarse con la pregunta de Ancatril «¿Estamos muertos?», lo que nos lleva a relacionar la obra con la narrativa rulfiana y a dimensionar la novela desde un inesperado ángulo.

Y para concluir este acercamiento a una gran novela, retomaría las palabras de su autora, cuando señala que «la literatura se tiene que visualizar» y este efecto es precisamente lo que ella logra, cuando al final de la obra, el lector siente que ha construido en su mente una serie de imágenes que reproducen la historia y se queda con la sensación de que no solo ha sido un lector sino un espectador. En su experimentación y evitando repetirse como escritora, Perla Suez desenterró desde la desolación del desierto, la historia de uno de los pueblos olvidados, los mapuches, que nunca se fueron pues sus espíritus trascienden las espinas y resplandecen en la arena...

«...Unos puntos luminosos se mueven en la lejanía, no son luciérnagas, son los ojos del desierto que observa y todo es borroso para quienes lo miran»[v].

NOTAS:

[i]Testimonio de un cacique mapuche, Lonco Pascual Coña, Biblioteca del Bicentenario, Santiago de Chile, Pehuén, 1984, p. 352.

[ii]El País del diablo, página 17.

[iii]RODRÍGUEZ, Fermín A. (2010) Un desierto para la Nación, la escritura del vacío, Buenos Aires, Eterna Cadencia. P. 190.

[iv]«Los pobladores del "desierto" Genocidio, etnocidio y etnogénesis en la Argentina por Miguel Alberto Bartolomé». Consultado el 4 de abril de 2017. https://journals.openedition.org/alhim/103.

[v]Página 153, frase de cierre de la novela.

Imágenes:

Perla Suez tomada de http://www.perlasuez.com.ar

Kultrum o cultrum. Tomada de: CID LIZONDO, Margarita. Iconografía Chilena, Editorial Ocho Libros, Santiago, 2007. (Vectorizadas para esta publicación).

Textil mapuche. Tomado de MEGE ROSSO, Pedro. Arte textil mapuche. Ministerio de Educación. Chile, 1990. (Vectorizado para esta publicación).

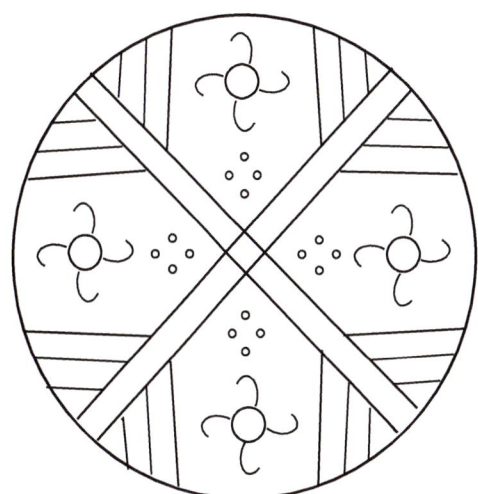

De monstruos y feminicidios.

Una lectura de *Los divinos de Laura Restrepo*

A propósito del día o del mes de la mujer, ofrezco una reflexión sobre el tema del feminicidio a través de la lectura de la novela más reciente de la escritora colombiana Laura Restrepo, *Los divinos*.

Por Elvira Sánchez-Blake

Los divinos de Laura Restrepo es una novela que estremece por su denuncia feroz contra el feminicidio. Restrepo arremete en su última novela contra una sociedad que permite las violaciones, los abusos sexuales y los crímenes contra las mujeres. La dedicación así lo ilustra: «Al día en que todos los hombres, a la par con las mujeres, se manifiesten en las calles contra el feminicidio» (Restrepo, 2018).

El tema de la novela se basa en un hecho real ocurrido en Bogotá el 4 de diciembre de 2016: el rapto, violación y asesinato de la niña de siete años, Yuliana Andrea Samboni, por parte de Rafael Uribe Noguera, un miembro de la clase alta colombiana. Lo interesante de *Los Divinos* es que la autora aborda el tema del feminicidio, y en extensión de los abusos sexuales y el maltrato hacia la mujer, desde una perspectiva masculina. Expone en forma certera y audaz los lineamientos de una educación que propician el ambiente para un narcisismo desbordado que convierte en monstruos a una generación nacida en el despilfarro y el hedonismo. No se trata de seres sometidos a privaciones que devienen en sujetos al margen de la ley, sino de todo lo contrario, de los que por tener acceso a todos los privilegios no lograr satisfacer el desenfreno de sus deseos.

En una entrevista con Claudia Palacios, la autora dijo que muchos personajes de la élite colombiana piensan que están por encima de las normas sociales y de la ley porque se les educa como si fueran «amos del universo» y en este sentido culpó a madres permisivas que fomentan estas actitudes:

Son hijos de *mami*, una madre poderosa con poder omnímodo sobre la familia y sobre los hijos. Cuando tiene un hijo débil se dedica a taparle las debilidades. A medida que le camufla los defectos lo terminan convirtiendo en un monstruo... Es una generación criada dentro del hedonismo y narcisismo, una especie de culto a sí mismos. Piensan que los demás existen en la medida en que les proporcionan satisfacción y son invisibles si no se las proporcionan.

En ese sentido vale destacar que las propias mujeres sirven de opresoras de sus congéneres indirectamente, al propiciar el medio que produce este tipo de individuos. Restrepo asegura que no se debe señalar al psicópata solamente, sino a la «psique colectiva que le ha servido también de caldo de cultivo»[1].

La selección del feminicidio como objeto central de esta novela es revelador de la agudeza con que Restrepo indaga sobre la condición humana. El feminicidio es un tema que se aborda con cuidado y con temor. El término que define el asesinato de mujeres por su condición de género ha sido reconocido recientemente por las leyes internacionales como delito y en Colombia fue incorporado al código penal en el año 2015. La asociación de monstruosidad con feminicidio no es causal. Se refiere a la violencia sistémica y generalizada contra la mujer por el hecho de serlo. En el caso al que se refiere la novela rescata las circunstancias que hicieron de este evento uno de los más incomprensibles y descarnados ocurrido en Bogotá ante la incredulidad de la sociedad en pleno.

El acertijo planteado en la primera línea y que se repite a lo largo de la novela es una referencia a los monstruos. ¿Qué son los monicongos? No es una palabra que tiene una definición clara en el diccionario. En la novela la constante alusión a monicongos en diversos contextos nos lleva a desentrañar su significado. Los monicongos son dos, pero a veces son cuatro, cinco, seis, siete o mil. La línea con variantes parecen juegos de rimas infantiles, se convierte en un estribillo. Me atrevo a proponer que su repetición y aparición imprevista en los intersticios de la narración es quizá una continua referencia al monstruo que llevamos escondido. Obra también como un recurso para proveer un quiebre o salto narrativo.

Restrepo señala que la idea del monstruo surgió de la declaración del forense que confirmó el crimen de la niña y la forma como fue brutalmente torturada y asesinada: «Lo aterrador fue que esto no lo hizo un monstruo. Esto lo hizo un ser humano», fueron las palabras del médico y que inspiraron a Restrepo a escribir el libro. «No se trataba de darle un carácter de monstruo de caricatura, sino el del monstruo que habita en un ser humano, alguien educado, de "buena familia", guapo, inteligente, lo que se llama en términos coloquiales bogotanos, "un chino querido"», explicó la autora[2].

La narración se desenvuelve alrededor de un círculo de amigos, los *Tutti Frutti*, un clan de compañeros de colegio de un exclusivo plantel de Bogotá, el Liceo Quevedo. El grupo lo

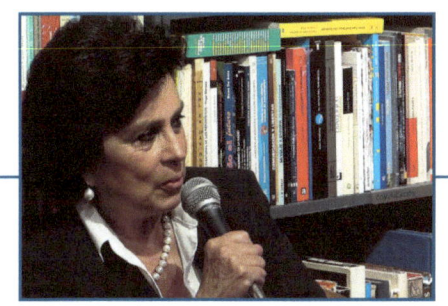

Laura Restrepo escritora y periodista Colombiana (Bogotá, 1950), autora, entre otras obras, de: *Hot sur, La isla de la pasión, La multitud errante, Demasiados héroes, Leopardo al sol, Dulce compañía, La novia oscura*. En el año 2004 recibió el premio Alfaguara de *Novela por Delirio. Los divinos* es su última novela publicada.

conforman: el Duque, el más estirado y fino de los cinco; el Tarabeo, el más cínico y atravesado; el Píldora, lo que se conoce como un arrastrado y servil, y el narrador, Hobbit, un introvertido que ve todo desde su lupa crítica.

Cada capítulo del libro se enfoca en uno de los integrantes del clan, y hay uno dedicado a la Niña. Un personaje anexo y de suma importancia es Malicia, la única mujer que pertenece de facto al grupo aunque no se la reconozca como tal. Como en toda logia masculina las mujeres no son aceptadas y solo sirven como acompañantes o como adornos útiles. Ese es el caso de Alicia-Malicia, la que al final tendrá un papel determinante en el desenlace de los acontecimientos.

La amistad entre los miembros del clan los lleva a convertir sus fiestas y parrandas desmedidas en una suerte de ritual. Ellos, que tienen libre acceso a todas las comodidades: fincas lujosas, dinero a raudales, licor, droga, sexo a granel, no se detienen ante ningún impedimento porque nada les ha sido negado. Esto los lleva a explorar placeres inimaginables incluso en los linderos de lo ilegal. Uno de los iniciados, el

[1] Entrevista con Claudia Palacios. Mejor Hablamos. City TV. Abril, 2018.
[2] Entrevista con Claudia Palacios. Mejor Hablamos. City TV. Abril, 2018.

Muñeco, se asoma más allá del paroxismo: la drogadicción, el lumpen, los bajos fondos, el sexo en todas sus variantes, y cuando esto no es suficiente, se obsesiona con un objetivo que le causa el máximo placer: el de raptar a una niña, para luego violarla, torturarla y matarla con la mayor brutalidad.

Los miembros del clan selecto mantienen códigos de solidaridad, entre los cuales está el de protegerse uno a otro en cualquier circunstancia. Este pacto nacido de sus días de compañerismo juvenil del colegio, se convertirá en la disyuntiva a la que se enfrentan los amigos ante el crimen de la Niña. El dilema que se les presenta es de vida o muerte. Cada uno responderá de acuerdo a su naturaleza y revelará su elección entre la amistad o la traición ante la gravedad del crimen.

La brecha social tan arraigada en la sociedad colombiana se manifiesta en *Los divinos* por la certidumbre de invulnerabilidad que asumen los de clase élite en Colombia. La apuesta de que *a este no lo tocan* es la que le permite al Muñeco obrar con total imprudencia hasta el punto de admitir su crimen como una de sus fantochadas. Pero tampoco contaba con que algunos de sus amigos serían capaces de darle la espalda ante la dimensión del crimen.

Los apelativos que selecciona la autora nombrar al victimario, con los motes de Muñeco, Kent, *Chucky* el Tenebroso, y *Dolly Boy,* son eufemismos que revelan las caras multifacéticas del asesino por las referencias a personajes de la cultura popular. A la víctima en cambio se menciona muy poco y solo se le otorga el apelativo de la «Niña-niña». La autora decide ocultar su nombre, no solo por respeto sino porque en la Niña se encierran todas las mujeres víctimas de agresiones, abusos, vejámenes, maltratos, y del peor de los crímenes, el de feminicidio.

La Niña es representada en la novela como la ninfa del bosque. La ninfa se convierte en la presa anhelada del sátiro, aquel que la avizora desde su torre de lujo de Chapinero alto, para cazarla como una presa en su barrio de invasión. En ese juego de referencias míticas intercaladas con los rasgos reales del evento, se teje el discurso poético de la novela. La narración entrelaza alusiones a héroes y mitos de la ficción y de la cultura popular: *Superman* y Clark Kent, James Bond y *Chucky* el tenebroso, así como a obras clásicas y contemporáneas de héroes y villanos. Aparecen también los vampiros y los sátiros, el cazador y la presa. Pero, también surgen referencias literarias y bíblicas que se interpolan con los eventos y como parte del flujo de conciencia y de reflexión intradiegética.

A pesar de que se declara su intención no religiosa, en la novela afloran los rituales cristianos como parte del rito de purificación y redención. De esta forma la novela exalta y redime a la Niña para colocarla al lado de los dioses y de las criaturas míticas como una especie de víctima propiciatoria que absorbe los pecados de la humanidad, y con ello la redime.

Los compañeros del clan de los *Tutti Frutti* también hacen parte del entramado de culpables y víctimas. Dos de los integrantes, el Duque y Tarabeo, se encargan de encubrir y de ayudar al asesino. En cambio, los menos destacados del grupo, el Píldora y Hobbit, cuando se dan cuenta de la dimensión del crimen, se enfrentan al dilema profundo de lo que significa romper el pacto sagrado y convertirse en traidores.

Paralelamente tiene lugar la caída del asesino, y con ella la reacción del pueblo que desemboca en indignación desbordada. El coro griego se encarna en la voz de la ciudad, «la bestia que clama venganza», componente central de la tragedia clásica. La exaltación de la masa hace eco de otras tragedias nacionales como el asesinato del líder político Jorge Eliecer Gaitán, y el linchamiento feroz de su homicida, Roa Sierra. La ciudad se convierte en un altar donde se celebran sacrificios, como ocurrió el 9 de abril de 1948 en el famoso Bogotazo[3].

Al final de la novela el castigo que se anuncia no es solo sobre el perpetrador del crimen, ni es él el único culpable. El castigo recae sobre la sociedad como totalidad por acción o por omisión de todos aquellos crímenes que nunca han recibido castigo y de tantos muertos olvidados en la historia de violencia nacional.

Si la expiación no es posible a través de la purificación, entonces, la novela plantea una condena inexpugnable, la de la continuación de la maldición mientras el monstruo siga latente en la sociedad. Las líneas finales de la novela parecen confirmar esa sentencia: «Si el Muñeco es la cara visible del monstruo, la cara oculta somos nosotros... Si quieres ver un monstruo, desvístete y mírate en el espejo» (p. 248). Monstruo y monicongos se convierten en una entidad en la sentencia final: «Los monicongos son mil y el más chiquito es igual a mí» (p. 248). Comprendemos entonces la respuesta al acertijo de

---

[3]El Bogotazo fue un evento ocurrido el 9 de abril de 1948 en Bogotá, Colombia, en el que la gente reaccionó con una violencia desmedida ante el asesinato del líder político, Jorge Eliecer Gaitán.

los monicongos cuando nos asomamos en el espejo que nos devuelve el reflejo del monstruo que nos habita.

La novela de Laura Restrepo se basa en un hecho real que conmovió a Colombia. El caso estremeció y provocó un clamor en masa por lo que destapó en su fondo: una sociedad abyecta. Una sociedad que se esconde tras una máscara de hipocresía del *deber ser* contra el *poder ser*. El asesinato de la niña Yuliana ocurrido el 4 de diciembre de 2016, por parte de un miembro de la clase dirigente, expuso lo despreciable de una sociedad enferma y desquiciada.

Restrepo denuncia y expone estos dos componentes, el del monstruo reflejado en los individuos que componen el grupo social, y en quienes se aplica la culpa por complicidad. la Niña-niña cumple con la función de víctima propiciatoria en forma ejemplar. En ella se reflejan todas las víctimas de oprobios contra la mujer, y el peor de todos: el feminicidio. A través de la ficcionalización del suceso, que estremeció al país en su momento, la novela hace exégesis de la brutalidad a la que puede llegar el ser humano deshumanizado y expone el papel que cumple la sociedad de seres abominables como el divino monstruo, el demonio que todos llevamos dentro.

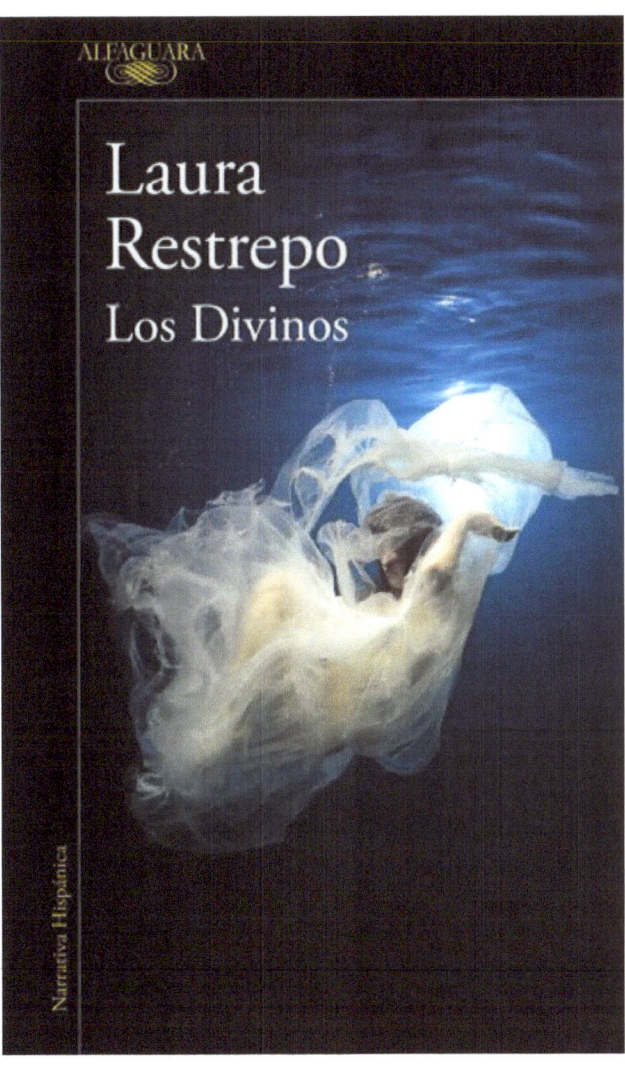

Obras citadas
Restrepo, Laura. Los divinos. Bogotá: Alfaguara, 2018.
Palacios, Claudia. Mejor Hablamos. City TV. Abril, 2018.

Imágenes.
• Fotografía de Laura Restrepo tomada de:
https://commons.wikimedia.org/w/index.php?curid=25915113 autor: Guillermo Ramos Flamerich

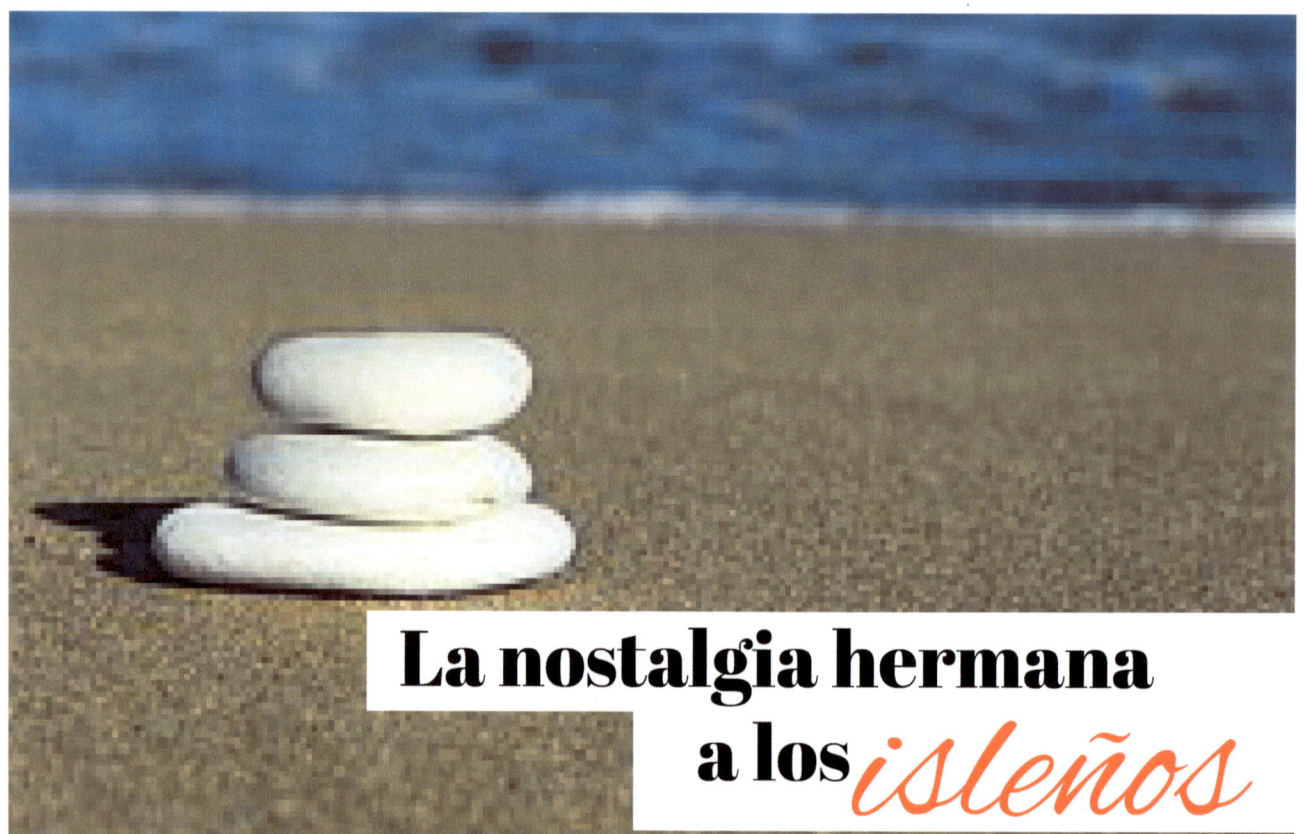

La nostalgia hermana
a los *isleños*

Luis León Barreto

Poetas cubanos en relación con Canarias. Este es un libro más que necesario porque Canarias y Cuba tienen, desde el principio, un cruce de identidades, porque tenemos una potente migración de ida y vuelta. Mis abuelos fueron y vinieron de Cuba muchas veces, como la mayoría de los naturales de la isla de La Palma, hasta la guerra civil española. ¿Cómo soslayar el hecho de que en 1608 un grancanario, Silvestre de Balboa, diera a la luz la primera manifestación literaria de la isla, su poema «Espejo de paciencia» Más allá de los debates ideológicos y literarios en la poesía cubana contemporánea, más allá de la polémica entre la cubanía y el cosmopolitismo que podrían protagonizar Nicolás Guillén y Lezama Lima, podríamos afirmar que en líneas esenciales se aprecia en la potente literatura cubana un cultivo de la sonoridad barroca, el coloquialismo, el eclecticismo y un afilado debate entre lo afroamericano y lo cosmopolita. Una literatura llena de vitalidad, repleta de sol, de ancestros, repleta de dioses afros y de tradiciones hispánicas.

Hay en esta selección voces de gran relieve, de enorme significación en las letras actuales porque Juan Calero, el ejecutor del trabajo, nos hace una propuesta muy variada en la que podemos resaltar semejanzas y discrepancias. Uno de los datos esenciales de este florilegio radica en ciertos perfiles de convivencia Cuba-Canarias a través de las personas, así la presencia de Julio Tovar, el hombre que vivió en Tenerife y que dio nombre a un premio de poesía que ha sido obtenido por dos valiosos poetas cubanos con obra muy reconocida internacionalmente. Se trata de dos figuras laureadas y que viven en EEUU. Uno de ellos, Ramón Fernández Larrea, vivió tres años en Canarias y gana el premio en 1997, con su obra *Terneros que nunca mueran de rodillas*. El otro autor es José Kozer, quien lo gana en 1974, poeta con más de setenta poemarios publicados en varios países. En Canarias tiene dos: *Este judío de números y letras*, con el que ganó el Julio Tovar en 1974, y *De donde oscilan los seres en sus proporciones*. Casualmente, el autor del prólogo también obtuvo el premio Julio Tovar, cuando apenas tenía 20 años cumplidos, en 1970.

Hay en este cuidadoso trabajo, nombres que son pilares firmes, columnas insoslayables de la tradición: Dulce María Loynaz, Julio Tovar, Nivaria Tejera y Manuel Díaz Martínez. Hay otro grupo que publicaron en Cuba: Ramón Fernández Larrea, Juan Francisco González-Díaz, José Lucas Rodríguez Alcorta, Sonia Díaz Corrales, Arlén Regueiro Mas y Andrés Díaz Castro. Está también el grupo de poetas que han dado a conocer su obra básicamente fuera de Cuba: Rolando

Poetas cubanos en Canarias ha sido presentado en:

- Las Islas Canarias
- Museo Poeta Domingo Rivero, Las Palmas de Gran Canaria, a finales de octubre del 2015
- Teatrino de San Andrés y Sauces, Isla de La Palma, 18 de noviembre de 2015.
- Real Sociedad Cosmológica de Santa Cruz de La Palma, principios de diciembre, 2015.
- Ateneo de La Laguna, isla de Tenerife, a inicios del 2016

En Argentina
- Teatro El Círculo, ciudad de Rosario, 2 de mayo de 2018.
- Librería Biblioteca Ferrovía, ciudad de Santa Fe. 4 de mayo, 2018.

En México
- Casa de la Cultura y librería Utopía, de Cancún, 22 de septiembre, 2018.
- Casa de la Cultura de Morelia, Michoacán, 25 de septiembre, 2018.

Y a mediados de este año lo será en San José, Costa Rica.

Campins, y Juan Calero Rodríguez. Y, los que podríamos denominar –al decir de José Martí– los «pinos nuevos»: Nancy Teresa Ángel Bello, Belkys Rodríguez, Ernesto García Machín y Kimamy Ramos. Certifican su paso por Canarias, el arraigo existencial entre las dos orillas, las profesiones docentes, las publicaciones compartidas.

El cubano tiene un barroco resplandeciente, sonoro. El idioma adquiere aquí los brillos del mar, las transparencias de los cayos, la calidez del trópico. El canario por lo general tiene un barroco introspectivo, interiorizado. Mientras al cubano el Caribe lo potencia y lo sublima, el Atlántico de aguas frías casi ahoga la voz del insular canario. El cubano canta el son con determinación y alegría, el canario tiene un folklore lamentoso. Pero a la hora de la magua, unos y otros son iguales. El canario añora el Teide y añora el mar, el cubano canta una y otra vez el miserere por La Habana.

Estos poetas manejan intensamente lo identitario, lo social, el compromiso con el paisaje y la memoria del paisaje. Cuba tiene una literatura tan poderosa y tan reconocible que muchos admiramos el lenguaje de Lezama Lima, la sonoridad de Alejo Carpentier, la delicadeza de Dulce María Loynaz, la pirotecnia de Guillermo Cabrera Infante. Cuba es una Isla-Continente, posee suficiente lenguaje y suficiente

hondura para afirmarse frente al mundo, y estos autores mantienen el tono intimista y conversacional, el elogio de la vida. Y el desgarro de la distancia, la pérdida del paraíso original, ese cruce de olas, pesadillas y sueños, mitos, magia, religiones yorubas y cristianas. Esa tierra ardiente que quedó atrás. Esa precariedad de reconocerse efímero y mortal, voz encaminada al silencio. Voz condenada a ejercer la rebeldía del grito para demostrar que estamos aquí y ahora.

Este es un libro que nos hacía falta, porque los insulares somos hermanos de la ola, del arraigo y del desarraigo, de la melancolía, de la magua, de la alegría contenida y de la alegría exultante que proporciona el ron, esa caña de azúcar que fue de aquí para allá, ese lenguaje que vino de allá para acá. Balseros todos en la aventura humana de ir viviendo cada uno de los días que nos quedan por vivir.

Luis León Barreto. Periodista y escritor canario, miembro de la Generación de los 70. Autor de una obra predominantemente narrativa, ha cultivado el ensayo, los cuentos y relatos, la novela negra y en menor medida la poesía. Escribe estas páginas como prólogo de Poetas cubanos en Canarias.

Diáspora por el mundo:

Poetas cubanos en Canarias

Por *Juan Francisco González-Díaz*

Poetas cubanos en Canarias, libro publicado en el 2015 por el sello editorial Cuadernos La Gueldera, del Centro Canario Estudios Caribeños -El Atlántico- de Las Palmas de Gran Canaria, es un texto imprescindible en la contribución cultural de toma y daca entre Cuba y las Islas Canarias, que se remonta al año de 1608 con el poema «Espejo de Paciencia», primera manifestación literaria sobre Cuba, escrita por el grancanario Silvestre de Balboa.

A la dedicación y el tesón de Juan Calero Rodríguez, cubano residente en la isla de La Palma, se debe *Poetas cubanos en Canarias*. Selección de dieciséis hombres y mujeres que, de una forma u otra, han estado radicados en las «islas afortunadas». Ella es parte de la investigación en que anda enfrascado Calero, sobre los variados vasos comunicantes de Cuba y Canarias.

De los poetas canarios en Cuba se ha escrito bastante, pero no a la inversa. Aunque hay compilaciones, o selecciones, de autores que recogen no solo a poetas, sino a escritores canarios con algún tipo de vínculos con Cuba, y a literatos cubanos relacionados con Canarias; hasta por las aferencias de tener un padre, o un abuelo, del otro lado del Atlántico.

A modo de difusión, aquellos florilegios cumplen su cometido. Pero no creo que sean antecedentes del título que nos ocupa, y menos que puedan considerarse como influencias. Además, el autor de *Poetas cubanos en Canarias* vino a saber de aquellos resultados la noche en que, precisamente, presentaba su libro en Las Palmas de Gran Canaria.

Veintiocho son los hombres y mujeres nacidos en Cuba que, según Calero, escriben versos en Canarias. Sin nexos comunes, dispersos, y diseminados, por esas siete pequeñas islas al lado de África. El compilador selecciona a dieciséis, que considera de mejores valores poéticos.

Hay otros nombres de cierta significación en la poesía cubana que pudieron haber sido incluidos, pero el objetivo del libro no era apropiarse de méritos acopiando a todo aquel que escribe versos, nació en Cuba, y en algún momento recaló en las Canarias.

Entre los posibles nombres estarían los de José Kozer y Frank Abel Dopico. Kozer, aunque ganó el Premio de Poesía «Julio Tovar» de Tenerife y publicó dos libros en las islas, nunca vivió en Canarias. *Poetas cubanos en Canarias* es una antología de este territorio y el seleccionador exigía que fueran versos de libros publicados allí.

Frank Abel Dopico obtiene el «Premio Ciudad de Santa Cruz de La Palma», en poesía. De los que reciben el galardón, fue el único que no llegó a publicar el poemario por encontronazos con el jurado. Además, su estadía en Canarias fue brevísima y de poca significación.

Otro autor a destacar, José Antonio Lago López. Cubano radicado en Santa Cruz de Tenerife, con dos premios en poesía. El «Domingo Acosta Pérez», de la isla de La Palma y el «Emeterio Gutiérrez Albelo», de Icod de los Vinos, Tenerife. Ambos del 2017, y posteriores a la publicación de Poetas cubanos en Canarias, de ahí que no aparezca en este título.

Están los casos de narradores, ensayistas, e investigadores, que también escriben versos, sin ser lo más destacado en sus obras. Por solo citar dos nombres, Sonia Bravo Utrera y Elsa Vega Jiménez.

Especialistas consultados recomendaron al antologador un tope de dieciséis seleccionados. Cifra válida para la calidad del proyecto, evitando las distancias entre los más destacados y los de no tantas resonancias.

Calero a los dieciséis poetas los presenta, según su fecha de nacimiento, en este orden: Dulce María Loynaz, Julio Tovar, Nivaria Tejeda, Manuel Díaz Martínez, Rolando

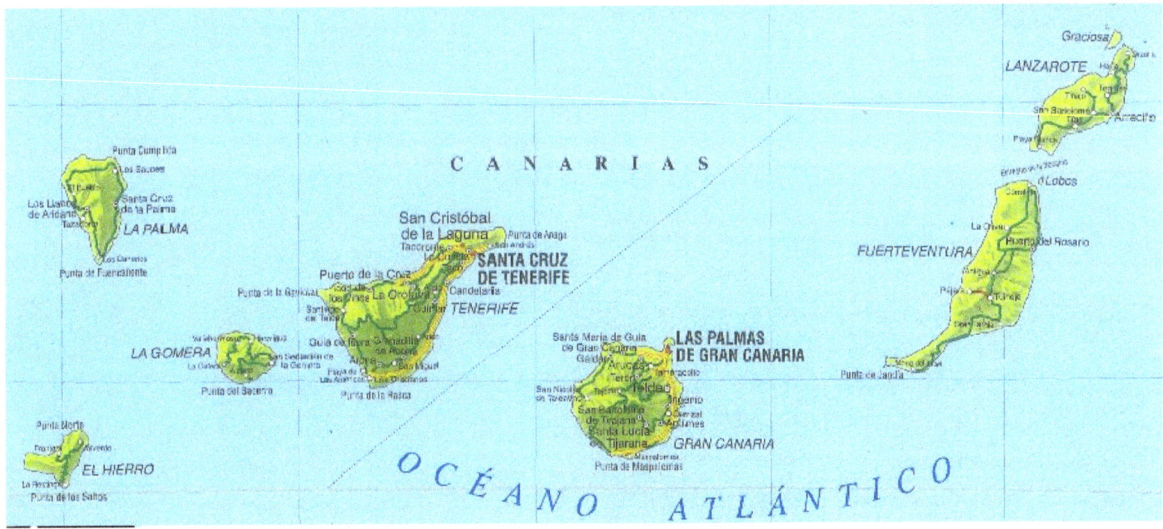

Campins, Juan Francisco González-Díaz, Andrés Díaz Castro y Juan Calero Rodríguez. Seguidos por Ramón Fernández Larrea, José Lucas Rodriguez Alcorta, Nancy Teresa Angel Bello Báez, Sonia Díaz Castro, Belkys Rodríguez Blanco, Arlen Regueiro Mas, Ernesto García Machín, y Kimany Ramos. A cada uno, en apretada síntesis, los vemos a continuación.

Dulce María Loynaz. (La Habana, Cuba, 1902-1997). Poeta y narradora. Miembro de Número de la Academia Cubana de la Lengua y Miembro Correspondiente de la Real Academia Española de la Lengua. Premio de Literatura en Lengua Castellana «Miguel de Cervantes» 1992 y primera mujer latinoamericana en obtenerlo. Es de las principales escritoras de nuestro idioma y figura señera en la lírica cubana y universal. Casada en segundo matrimonio con el periodista tinerfeño Pablo Álvarez de Cañas, entre 1947 y 1958, vivió cuatro veranos en Santa Cruz de Tenerife, La Laguna, Puerto de la Cruz y La Orotava, además de visitar Lanzarote y Gran Canaria. Entre sus libros hay dos sobre Canarias, la novela de viajes *Un verano en Tenerife*, y *Fe de Vida*, memorias dedicada a Álvarez de Cañas. Las islas tienen varias calles con su nombre, un busto en el mirador de Taoro, y la declararon Hija Adoptiva del Puerto de la Cruz, Tenerife. De ella, los poemas: «La novia de Lázaro», «Si me quieres, quiéreme», «La balada del amor tardío», «Un amor indeciso», «Yo te fui desnudando» y «Selva». *«Si me quieres, quiéreme / Si me quieres, quiéreme entera, / no por zonas de luz o sombra... / Si me quieres, quiéreme negra / y blanca. Y gris, y verde, y rubia, / y morena... / Quiéreme día, / quiéreme noche... / ¡Y madrugada en la ventana abierta! / Si me quieres, no me recortes: / ¡Quiéreme toda... O no me quieras».*

Julio Tovar. (Güines, Cuba,1921-Santa Cruz de Tenerife, España,1965). Poeta, narrador y dramaturgo. Desde 1935 residió en Tenerife, donde estuvo al frente de la página literaria «Gaceta Semanal de las Artes». Fue de los «novísimos poetas» de la generación de los años sesenta, de ciertas consonancias con la del Madrid de los cincuenta. Isleño por partida doble, va a tener al mar presente en los versos que escribe, tema que había estado fuera de la poesía española de postguerra. Su libro de relatos *Crónica de una calle tranquila* conmocionó al Santa Cruz de la época y el poemario *Un hombre solo* sigue siendo un bello exponente de la poesía urbana. En Tenerife, bienalmente, se convoca un premio de poesía con el nombre de Tovar. Y una calle de la ciudad le rinde homenaje. En la presente selección con: «Lo que importa no es la muerte», «Has llegado ahora» y «Ahora que te has muerto». *«Has llegado ahora, / precisamente ahora que ya no te esperaba, / que estaba a punto de marcharme / y has dicho «¡Hola!». / Te has sentado junto a mí, / has mirado las cosas que me están rodeando / y me has visto tan solo, / tan tristemente solo, / que te has quedado en silencio».*

Nivaria Tejera Montejo. (Cienfuegos, Cuba, 1929-Paris, Francia, 2016). Poeta, novelista y ensayista. En 1930, de un año de edad, va a Santa Cruz de Tenerife. Donde permanece hasta 1944, cuando liberan al padre de la prisión franquista y regresan a Cuba. Las experiencias en regímenes dictatoriales están presentes en las novelas que Nivaria escribió. En *El barranco* una niña narra las traumáticas vivencias de la Guerra Civil en la ciudad canaria de La Laguna. Considerada la primera novela en español sobre el tema, inicialmente fue publicada en francés, en 1958. Treinta años más tarde apareció una primera y limitada edición en la península ibérica, y después es reeditada en Canarias en 1982, 1989 y 2004. *Sonámbulo del sol*, premio Biblioteca Breve 1971, muestra la génesis del franquismo y explica las características de la dictadura de Batista en Cuba. *Espero la noche para soñarte, revolución*, trata las desilusiones esperanzadoras que un día la autora tuvo en la Cuba revolucionaria, de la que deserta. Ya radicada en Francia, visita Canarias en varias oportunidades. La acompañan los poemas: «Rueda del exiliado», «Frontera», «La Habana un día» y «Con qué pan cuento qué extensión». *«La Habana un día / Un día / mi palma crecerá hasta la Manchuria / un buen día / pueblo mío / tú crecerás sobre el mar... / de pronto un día / los obreros felices pensarán en su ciudad / inventarán rampas infinitas / parques transparentes / para que los niños corran / en el espacio / libres / Un día / mi ciudad / cuando te canses / de esa rigidez ajena / de los dominadores... (Mi ciudad de La Habana / engarrotada / no se parece al mar / no se parece al cielo / ni a la palma / ni al Cauto / no se parece a mí isla / serena / vegetal / sonriente...) / Un día / mi ciudad / el mar te cubrirá / y emergerá / del mar / la libertad».*

Manuel Díaz Martínez. (Santa Clara, Cuba, 1936). Poeta y periodista. Premio de Poesía «Julián del Casal», UNEAC, 1967. Premio «Ciudad de Las Palmas de Gran Canaria» 1994. Medalla «La Avellaneda» 2006, del Centro Cultural Cubano de Nueva York, en reconocimiento a su aporte a la cultura cubana. Miembro correspondiente de la Real Academia Española de la Lengua. Junto a José Lezama Lima, José Z. Tallet, César Calvo y J. M. Cohen, integró el jurado que le confirió el premio «Julián del Casal», UNEAC, al afamado libro *Fuera del juego*, del poeta cubano Heberto Padilla, en 1968. Dirigió la revista *Encuentro de la Cultura Cubana* y fue miembro del consejo editorial de la *Revista Hispano-Cubana*, editadas en Madrid. Con ciudadanía española, desde 1994 permanece en Las Palmas de Gran Canaria, donde participa activamente en la vida literaria y cultural. En el 2015, el V Festival Atlántico de Poesía «De Canarias al Mundo», que convoca anualmente el Centro Canario Estudios Caribeños -El Atlántico-, estuvo dedicado a la vida y la obra de Díaz Martínez. En esta selección, sus poemas: «Ofelia», «La cena», «Solo un leve rasguño en la solapa», «Suite interior», y «Les sigo hablando un momento». *«Solo un leve rasguño en la solapa / Detrás de la puerta del armario / están mis trajes, / mis galas para las grandes justas. / Uno tiene ya un botón de menos / y un zurcido de más. / El beige deja ver hilachas en las mangas / y una cordillera de brillos y desgastes. / Pero el negro se mantiene en forma: / firmes las costuras, tersa y resistente / la trama de su paño. / Es el ideal / para pasar íntegro a la sombra. / Sólo tiene un leve rasguño en la solapa».*

Rolando Campins. (Palma Soriano, Cuba, 1940). Poeta. Premio «CEPI» de New York. Premio «Ateneo de Bellas Artes» de New York. Premio del Instituto Nacional del Libro de Madrid y Premio «Tomás Morales», del Cabildo Insular de Gran Canaria. En New York fundó y dirigió las revistas de poesía *Vanguardia* y *La Nueva Sangre*. Se establece en 1974 en Las Palmas de Gran Canaria, donde trabaja como profesor de inglés. Muestra: «A Gastón Baquero, en España» y «Heredad de no olvidos». De «A Gastón Baquero, en España», seleccionamos este fragmento: «... *No florece la espiga / y por la tierra hollada / no sé qué huele mal. / Pregunto el sí será, el sí es posible /si es cierto todo y hasta dónde y cuándo. / Porque nada es bastante en esta hoguera / donde el ser es lo inútil y es la llama. / Si a esta altura de muertos / nada vale un Dios mío, / si el que da la respuesta / por igual se pregunta, / hermano, yo qué pinto...».*

Juan Francisco González-Díaz. (Los Palos, Nueva Paz, Cuba, 1948). Poeta, narrador e investigador histórico literario, con varios libros publicados. Mención, Primer Concurso Nacional de Poesía «Regino Pedroso», periódico *Trabajadores*, La Habana, Cuba, 1996. Premio «Pinos Nuevos», Cuento, UNEAC, Cuba, 1994. Premio «Catania e il suo volcano», Academia «Ferdinandea», Catania, Italia, junio 1994. Del 2008 al 2018 reside en Las Palmas de Gran Canaria, donde escribe, dirige y conduce el programa *Nuestra América*, de *Canarias Ahora Radio*, durante dos años. Presidió el Centro Canario Estudios Caribeños –El Atlántico– y el Festival Atlántico de Poesía «De Canarias al Mundo». Editor y directivo del sello editorial «Cuadernos La Gueldera», que publica una veintena de libros. Coordinó el Taller Literario «Espejo de Paciencia» y el Taller de Poesía «Dulce María Loynaz». Fue miembro del Observatorio de la Lectura y Escritura en Gran Canaria. De él, los poemas: «Cambiar el sur», «Los frijoles y el polvo», *«Regalo de confesión no. 2»*, «Ella

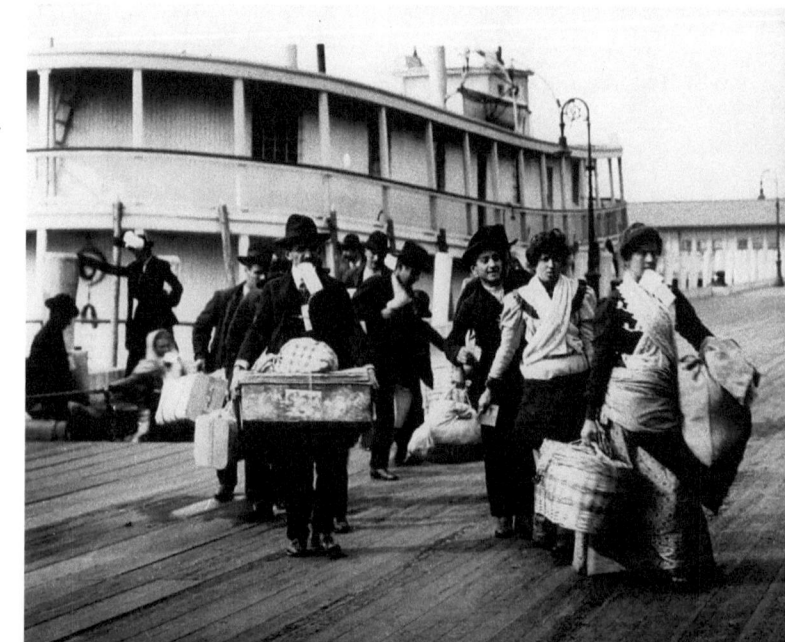

me dice», «Las Palmas de Gran Canaria: etnográfico ensayo» y «De manos». *Regalo de confesión no. 2. Ella me dice: / «No niegues / a tus ojos, / ni a mí, / el placer de verme / y mostrarme / ante ti, / desnuda».*

Andrés Díaz Castro. (Perea, Sancti Spiritus, Cuba, 1948). Poeta y narrador. Desde el 1993 está en la isla de Fuerteventura. Ha obtenido reconocimientos en los géneros de poesía, cuento y cómic y ha sido jurado de varios concursos literarios. Aparece con: «Irrumpen girasoles mareados», «Los buitres de la duda», «En Paris sin aguacero», «Perros mudos», «La vela», «Y de repente la lluvia...», «El último vals de las mariposas», y «El alivio». *«...Y de repente la lluvia / ... y de repente la lluvia / se prodiga fuera de la memoria. / Acontece / distante / y quedamos alelados / con un trozo de arco iris / que como todas las cosas rotas / tiene algo de ayer / que le disuelve / en un aura de tristeza».*

Juan Calero Rodriguez. (Guanajay, Cuba, 1952). Poeta y narrador, con doce títulos publicados y un buen número de reconocimientos. En el 1992 se radica en la isla de La Palma, donde ha desarrollado una destacada labor cultural y literaria. Presidente de la Agrupación Cultural «ARTEnaciente», organizador de los Encuentros de Escritores «Félix Francisco Casanova», 2016 y 2017. Presenta: «Marilyn», «Corceles ajenos», «Padre nuestro en el exilio», «Desarraigo» y «Los puentes que dejamos al pasar». *«Los puentes que dejamos al pasar / Nunca seremos lluvia / como espejo ignoto. / Un espejo es luz de imagen / y canta entreabierto a la distancia. / Una cosa es el mar / en la palma de la mano / cuando pide un deseo / sin la corteza del incienso. / Otra cosa es el barro / de la gota al caer / y míralas como lloran / el tiempo de la nube. / Más, nunca seremos / solo pájaros / inundando lo que alcanza / más serenos que la lluvia. / Por eso diluimos esos pocos / -inconscientemente- / como los puentes / que dejamos al pasar».*

Ramón Fernández Larrea. (La Habana, Cuba, 1959). Poeta y humorista. Premio Nacional de Poesía «Julián del Casal», UNEAC (1985), Cuba. Premio XX Aniversario «El Caimán Barbudo» (1986), Cuba. Premio de poesía «Julio Tovar» (1997), Tenerife. Premio de Poesía «Gastón Baquero» (2014), Salamanca. Vivió en Tenerife entre 1995 y 1998. En el libro que reseñamos se recogen sus poemas: «Manuscrito encontrado en Guanabacoa», «Testimonio del cerdo», «Los cuatro pedazos del día», «Poema lleno de heroísmo» y «Terneros que nunca mueran de rodillas». *«Testimonio del cerdo / sobre este mantel puso sus alas / la rosada la tenue la que despertaba bien tarde / su cuerpo como una ciudad / me*

sacaban a flote sus clarines / y miraba y no era ningún rayo de sol / y miraba y no era la esperanza / un báculo para seguir un árbol / un otoño a vuelta de correos / sobre este mantel multicolor la sobrecama / en tiempos de asfixia / estuvo con sus dientes soñando / abrió los canales para bogar fieramente / en las noches de velar las armas / ahora el tipo tiende la cama impávido / recoge cada pliegue con parsimonia desesperante / el cuarto mantiene su llovizna / y afuera pasan ruidos como humanos atormentados».

José Lucas Rodríguez Alcorta. (Guanajay, Cuba, 1959). Dramaturgo, narrador y poeta. A partir del 2002 reside en la isla de Gran Canaria. Tiene premios y menciones nacionales y provinciales en los géneros de teatro y poesía para niños, en diversos concursos entre 1989 y 2002. Premio de poesía en La Palma, Canarias, en el 2009. Expone: «La casa», «Instantánea», «Estrategia para el asombro» y «Conversación íntima». *«Instantánea / Nadie pudo escapar, la imagen rota, / la luz naufragando en el espejo, / el pez, la voz, el susto y hasta el viejo/ equilibrio del niño y la gaviota. / La ventana, el silencio, la derrota / secular del reloj, el ojo; afuera: / el pájaro, la calle, la madera / carcomida del hombre resucita, / la ciudad, la tarde, la maldita / reflexión de la lluvia en la vidriera».*

Nancy Teresa Ángel Bello Báez. (Isla de la Juventud, Cuba, 1960). Poeta. Con premios y menciones en Cuba, e Islas Canarias, aparece publicada en revistas, periódicos y antologías colectivas. Radica en la isla de Gran Canaria desde el 2010. De ella, vemos: «El silencio de las islas», «Evocación II», «Evocación III», «Náufrago I» y «Otra vez septiembre». *«Evocación II / Se me ha perdido el mar / en este atardecer en que leo poemas de un amigo. / Amigo que posa sus ojos en el horizonte de una isla / sentado en las olas que baña / el sillón donde mece sus nostalgias. / Siento su tristeza en mis manos. /*

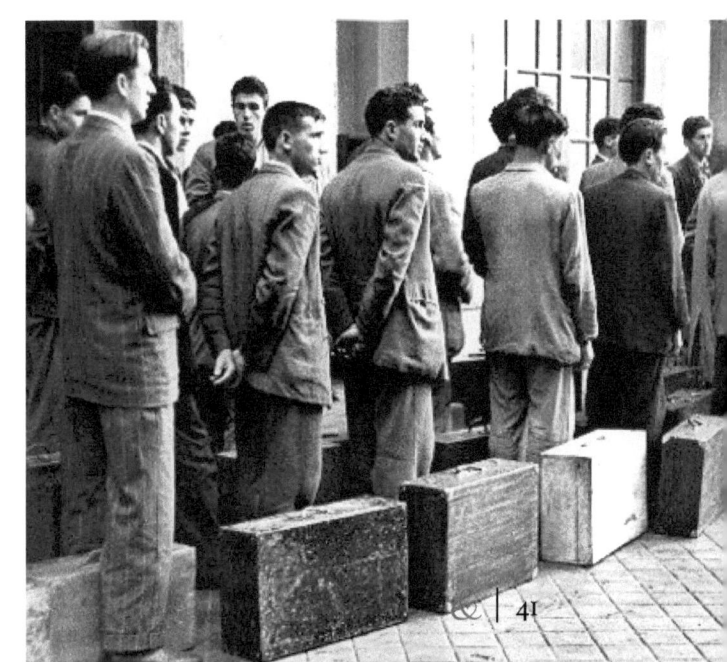

Manos que ahogaron el intento de quitarme la blusa / y ahora se estremecen al evocarlo. / ¡Ah! ¿Cómo dejé que volara? / ¿Por qué no embotellé girasoles con él? / Yo que amo al Van Gogh desorejado / pinto de amarillo las noches / para espantar los fantasmas emergidos de veleros antiguos. / Si el mar no se hubiese perdido en esta tarde / lo dejaría navegar por mi cuerpo / aunque naufragara en el intento».

Sonia Díaz Corrales. (Cabaiguán, Cuba, 1964). Poeta y narradora. Premio «América Bobia», Matanzas, 1982. Premio «Bustarviejo» de poesía, Madrid, 1997. Premio «Abel Santamaría», Universidad de Las Villas, Cuba, 1997. Vive en la isla de Tenerife desde 1997. Está con: «*Fuera de toda lógica*», «*Dicen que antes yo era el humo*», «*Retrato de la florista*», «*Ábrego*» y «*Apología de la nada*». «*Fuera de toda lógica / Qué mansedumbre el mundo / detrás de esa pared / vociferando su ultimátum. / Esta mujer está de paso / quiere dejarse amar / dejarse quitar lo que le sobra / para ser una esquizofrénica común / rota en llanto / en pedazos / en todo lo que se pueda estar rota. / Una pared es el espacio de caer / después de recostarse y la mujer lo sabe. / Fuera de toda lógica / ella está de paso*».

Belkys Rodríguez Blanco. (1968, Batabanó, Cuba.). Narradora y poeta. Se establece en Canarias en el 2006. Colabora con la sección cultural del periódico digital *Canarias al Día*. Algunos de sus relatos y poemas aparecen en publicaciones colectivas. Vemos aquí: «La tarde», «Horizonte en harapos», «Las reglas del juego», «Frente al mar» y «Habana». De «Las reglas del juego», escogemos los versos siguientes: «*Deseándote pacientemente, escuchándote cuando falten tus palabras, / moviendo cada pieza del alma con cautela, sin poner en peligro la / sonrisa. Disimulando esa lágrima inconveniente, la compulsión por el / abrazo, la urgencia de tragarte entre mis sábanas. / Dividida en amaneceres y días sombríos me dejo arrastrar por las / corrientes. No hago resistencia porque así lo imponen las reglas del / juego. / Floto a la deriva mientras contemplo resignada mi propio cuerpo / hundiéndose en el mismo horizonte donde me encontró tu mirada*».

Arlén Regueiro Más. (Ciego de Ávila, Cuba, 1972). Poeta, narrador y dramaturgo. Tiene publicado siete libros y ha participado en las Ferias Internacionales del Libro en México y Venezuela. Radica en Gran Canaria del 2014 al 2017.

Refiere: «Páginas del agua», «Juegos del verano», «Marsella, 10 de noviembre de 1891»,/ «La edad del almendro», «Lección de geografía /"Diciembre 3, 2012"», «Leaving Acapulco, 11:35 p.m. / Otoño del 2013» y «Pronóstico del mirlo». «*Pronósticos del mirlo / Padre / recuerda que también has pronosticado el mirlo / has cosechado la ausencia / y yo no puedo más que elegir / acostumbrarme a ser la rosa de signo oscuro / o morir una extraña levedad de todo / Padre / puedes volver a las columnas / a los techos acendrados en la noche / por la fugaz penumbra de los adulterios / Padre / puedes partir seguro / jamás robaré tus cigarros / jamás beberé tu vino*».

Ernesto García Machín. (Cabaiguán, Cuba, 1976). Poeta y narrador. Está en Tenerife desde el 2007. Premio nacional «Mono-rosa» de poesía, 2007 y segundo premio nacional de testimonio en el *Coloquio Historiográfico Canario*, 2011. Sus poemas: «En la ciénaga dormida», «La predecible consecuencia del eco», «El destino de las falanges», «Laberintos de Ítaca» y «*Plegarías a Ilión*». «*Plegarías a Ilión / No desprecies la tardanza: / ni la enfermiza lucidez de un Elión. / Sé fuerte como la primera luz / que se da a la madrugada, / descansa en paz... / Nunca di placer más puro / ni glorias mejor destituida. / Deja sobre esta carne / un ciclo de lunas y águilas lentas; / posa en la oscuridad los límites / de mis remotos pesares. / Yo fui castigado por los hombres, / servido por mujeres y escribas, / sus carnes solo llenaron / los salones, las locuras, los caminos. / El sexo torvo a ratos me ampara, / conjurada la humedad... vibro / y la furia me atraviesa como un torrente / que se despeña... / * Criatura legendaria aludida por la imaginación poética de un amigo*».

Kymani Ramos. (Guayos, Cuba, 1977). Poeta. Premio Concurso Nacional Poesía «Regino Pedroso», 2007 y el «Mono-rosa», en el mismo año. Desde 2007 reside, indistintamente, en Canarias, Estados Unidos y Reino Unido. Nos enseña: «Residencia», «Pretextos para dos», «Evocación de los ciclos», «El tren pasa con la nostalgia de sus paisajes», «El retorno» y «La canción del viajero Krsihna». «*Pretexto para dos / Y fue el principio un pretexto / un declive de la infancia sin más licitaciones que el olvido. / Ahora que me manifiesto ante ti nada sé del espacio que ocultas, / de las realidades que separan tu corazón del mío. / No importa que rompas o ames, / la decadencia del amor / sigue siendo el lenguaje de la historia. / También tú, en otro ciclo / disminuyes la luz, desolada*».

En las páginas iniciales del título que reseñamos, Juan Calero Rodríguez, «A manera de introducción», refiere: «En este libro *Poetas cubanos en Canarias,* no hay una totalidad de autores con lo más granado, quedaron varios en el camino, que por distintas razones, no fueron incluidos; es tan solo una selección la que mostramos, más bien un retrato de familia, cuyos miembros andan dispersos por estas islas; corriendo cada uno a su suerte, unidos por su amor a la palabra y su escritura».

Poetas cubanos en Canarias no significa la manifestación de un movimiento poético de Cuba en las islas. Porque, como tal, no tiene esas connotaciones. Si constituye un libro necesario, que evidencia las idas y vueltas de las culturas. El «corsi recorsi» teorizado por Giambattista Vico.

Esta antología es una obra que conforma una llamada de atención en el deseo de provocar mayores y mejores conocimientos sobre lo cubano en Canarias, y lo canario en Cuba. Sobre todo, en el arte y la literatura y muy especialmente en la poesía.

Poetas cubanos en Canarias encarna la inobjetable demostración de los méritos de la diáspora cubana por el mundo.

Juan Francisco González-Díaz

Escribe poesía, narrativa, e investigaciones históricas literarias, con varios libros publicados en Cuba y España. Psicoanalista y antropólogo cubano, radicado los últimos diez años en Las Palmas de Gran Canaria, España, donde presidió el Centro Canario Estudios Caribeños -El Atlántico- y el Festival Atlántico de Poesía. Coordinó el Sello Editorial «Cuadernos La Gueldera» y el Taller de Poesía «Espejo de Paciencia». Reside en Miami.

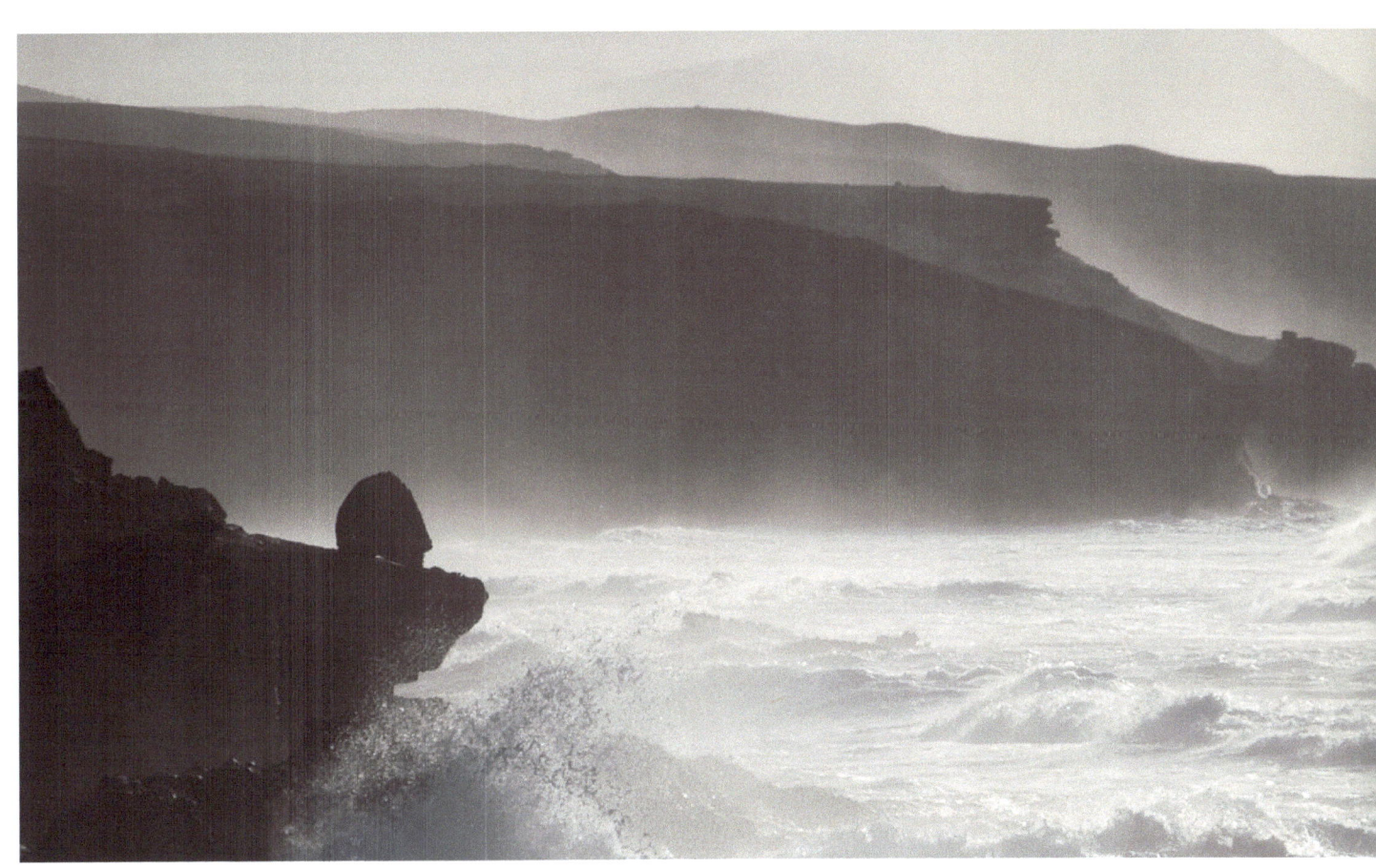

Un éxito rotundo el 3er. Festival del Libro Hispano en Virginia en la Universidad George Mason

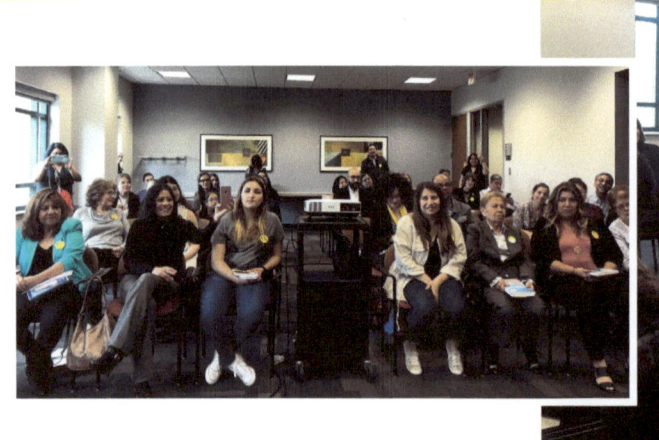

Con gran acogida se llevó a cabo el **3.er Festival del Libro Hispano en Virginia**, el pasado 13 de abril en la Universidad de George Mason. Las salas del Johnson Center de dicha universidad albergaron a un importante grupo de lectores, quienes esperaron muchos años para tener un espacio donde compartir el gusto por la literatura y la poesía.

En su tercera edición, el festival tuvo como invitado central al escritor peruano Luis Hernán Castañeda, quien presentó a sala llena su última novela Mi madre soñaba en francés publicada con la editorial Alfaguara. Castañeda disertó sobre la experiencia del proceso creativo y respondió las interrogantes de una audiencia ávida por conocer más sobre el autor y la concepción de su obra.

Junto con el escritor peruano también se presentaron: Teresita Dovalpage, Fernando Olszanski, Oswaldo Estrada, Keila Vall de la Ville y Martivón Galindo. Entre los autores locales, contamos con la participación de Carlos Parada, Vladimir Monge, Hemil García Linares, Sofía Estévez y Ofelia Montelongo, entre otros. El evento también ofreció sesiones de escritura creativa y un segmento de poesía.

Este festival, que tuvo su primera edición en el 2017, ha ido creciendo gracias al apoyo de la comunidad hispanohablan-

te, los diferentes medios de comunicación y los auspiciadores que han respaldado el proyecto desde su etapa inicial.

Hemil García Linares, director del festival y Raíces Latinas LLC, apostaron por este proyecto cultural para agrupar y reconocer la obra de escritores inmigrantes quienes, a través de su creación literaria, preservan la riqueza del idioma español y recrean nuevas historias y vivencias con el sello del exilio.

Hemil García Linares, director del festival, comparte con nuestro lectores los antecedentes y los objetivos del Festival del Libro Hispano en Virginia.

Antecedentes. Los autores del área de Maryland, Virginia y DC no tenían un lugar dónde hacer lecturas. Tras reuniones con algunos autores locales y conversaciones con escritores de otros estados, el festival surgió en 2017 organizado por el proyecto cultural Raíces Latinas. El festival estuvo financiado por la asociación de padres de familia de George Washington Middle School de Alexandria, los mismos autores y amigos que apoyaron en calidad de auspiciadores entre ellos Ars Communis y Evelyn Brooks Designs.

Desde que se creó el festival se generó mucha expectativa en torno a la asistencia de la comunidad, por lo se hicieron

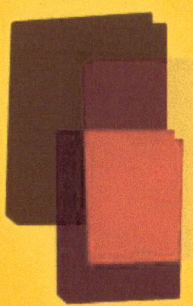

3er Festival del Libro Hispano de Virginia

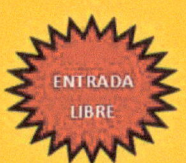

ENTRADA LIBRE

SÁBADO 13 ABRIL 12:00 PM - 6:30 PM | JOHNSON CENTER SALA 337 | GEORGE MASON UNIVERSITY

PARTICIPAN:

Keila Vall de la Ville
Hemil García Linares
Oswaldo Estrada
Fernando Olszanski
Angel Walter Tejada
Teresita Dovalpage
Sofia Estévez
Ofelia Montelongo
Christian Salgado
Lilia Murillo
Martha Urbina
Miguel Chirinos

Ven con tu familia para conocer a escritores y poetas hispanos. Narrativa, poesía y ensayo.
INVITADO ESPECIAL:

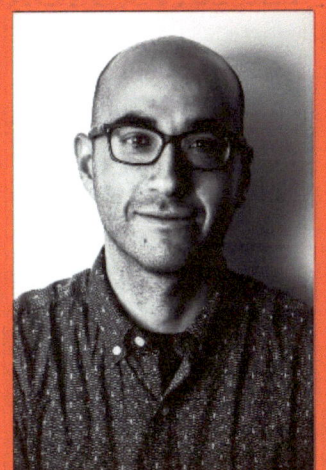

LUIS HERNÁN CASTAÑEDA
(Perú)
Profesor Asociado Middlebury College

El Departamento de lenguas extranjeras de la Universidad George Mason
Coordinador:
Doctor Rei Berroa
Presenta:
Lectura de poemas

Casa de la Cultura El Salvador
Coordinadora:
Doctora Jeanette Noltenius
Presenta a los poetas:
Vladimir Monge
Carlos Parada
Martivón Galindo

Johnson Center 3er Piso Sala 337 - George Mason University
4400 University Drive - Fairfax, VA 22030
Contacto: raiceslatinas@verizon.net (703) 328-5774—(703) 887-3242 www.racieslatinasva.blogspot.com

Auspiciadores

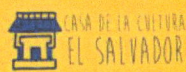 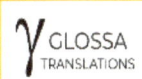 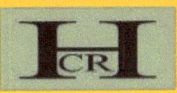  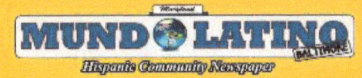

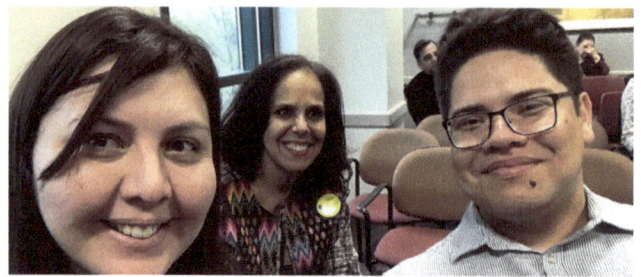

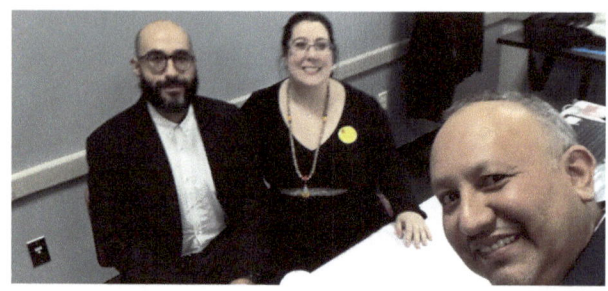

grandes esfuerzos de difusión que incluyeron la entrega de volantes en tiendas hispanas y múltiples anuncios de prensa. La prueba de fuego llegaría el primero de abril. Teníamos nuestras dudas, pues no sabíamos si vendría gente a un festival de libros ubicado en un área donde solo se organizaban festivales y ferias de música, comida, negocios.

Fue memorable ver llegar a los primeros asistentes a las 12:30 de la tarde, cuando el festival estaba anunciado para dar comienzo a la 1:00 de la tarde. Vimos personas llevarse hasta diez libros, lo cual fue muy emotivo. Otro momento memorable fue cuando un autor se sorprendió por la cantidad de libros que firmó. Varias personas se acercaron para agradecer a los organizadores por esta iniciativa, pues habían esperado durante años para tener un festival de esta naturaleza. El 2017 fue un éxito para ser la primera edición y confirmó algo: es difícil pero no imposible hacer un festival de literatura.

En 2018, la revista Hispanic Culture Review nos apoyó para organizar el festival en la Universidad George Mason, lo cual fue un avance inmenso. Asimismo, el Instituto de Cultura de México en Washington DC cubrió los pasajes del escritor Alberto Chimal, quien nos visitó desde México; y desde Francia, contamos con la participación de la poeta española Aurora Vélez García. La presencia de estas dos reconocidas figuras contribuyó a darle un perfil internacional al festival.

Nota editorial
El editor del festival se refiere a una necesidad que se extiende a lo largo y ancho de los Estados Unidos, especialmente en aquellas ciudades donde no se han constituido organizaciones que velen por la cultura hispana. De allí la necesidad que estos emprendimientos culturales prosperen y cuenten con el respaldo de la comunidad y los líderes hispanos.

El Festival del Libro Hispano en Virginia responde a una necesidad de los escritores hispanos y los lectores que leen en español, comenta Hemil García Linares:

«Los escritores hispanos no cuentan con muchos espacios para presentar sus obras. Del mismo modo, las personas que leen en español, precisan de eventos de esta naturaleza ya que en Virginia, Maryland y DC son escasos o no existen. Sin temor a equivocarnos podemos afirmar que el Festival del Libro de Virginia se consolida como uno de los más importantes de la costa este por la calidad de autores que está trayendo y que proyecta traer en el futuro».

El objetivo del Festival del Libro Hispano que celebramos en Virginia es promover la lectura en español y preservar nuestra cultura por medio de la interacción entre escritores y la comunidad hispana y la difusión de la literatura en español escrita en los Estados Unidos.

Nuestro festival está dirigido a toda persona que disfrute de la literatura en español: lectores, estudiantes, escritores, profesores y catedráticos, afirma Hemil García Linares.

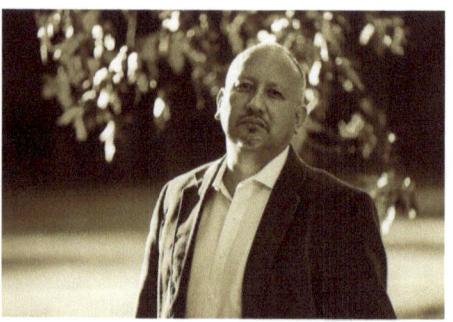

Contacto: Hemil García Linares, director del festival.
Correo electrónico: hemilgl@verizon.net
https://www.facebook.com/festivaldellibrohispanodevirginia/

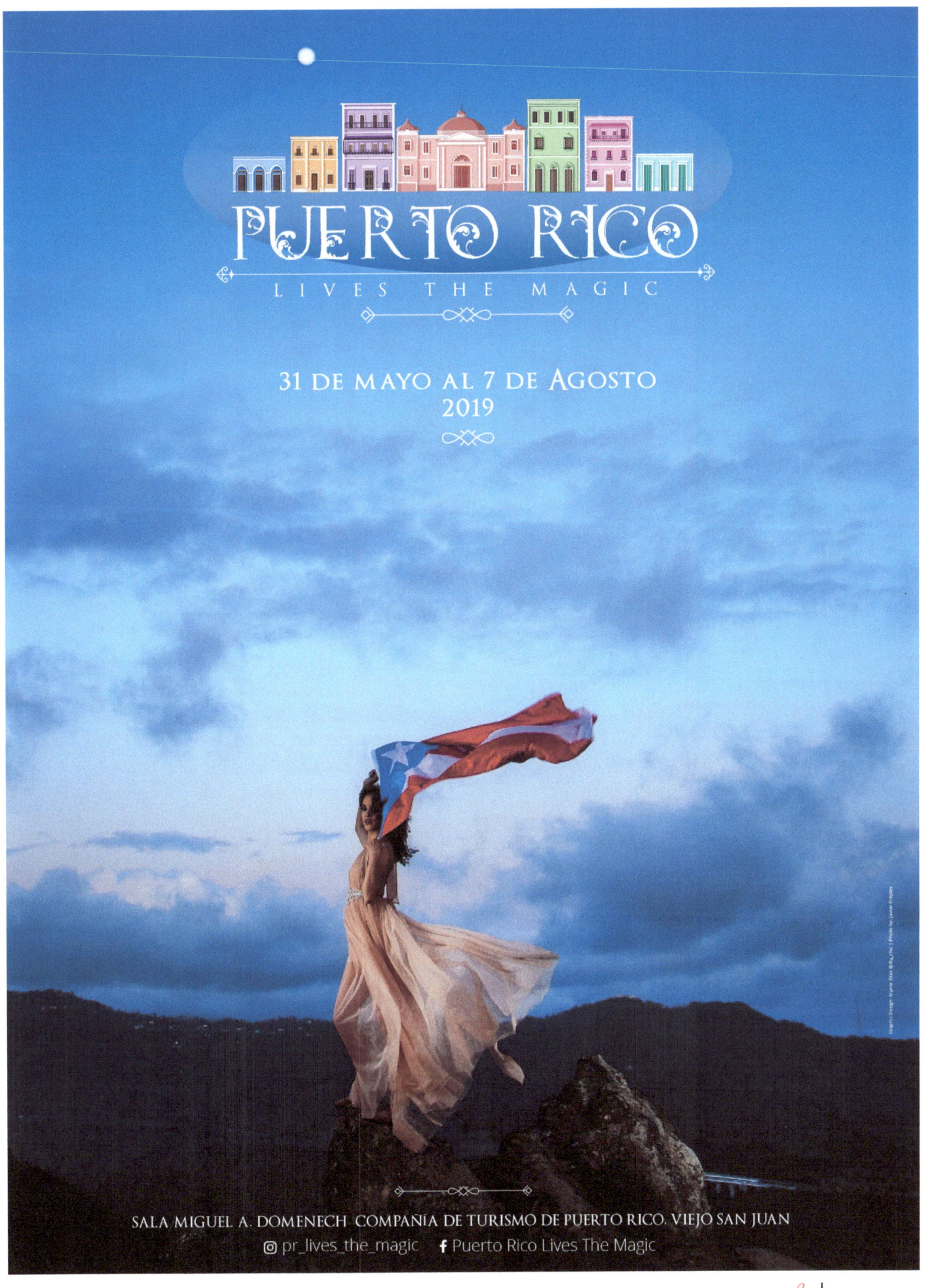

AGNOTOLOGÍA O LA NECESIDAD
de informarse para decidir

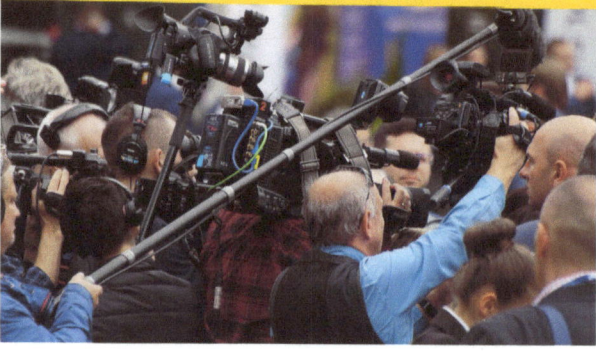

Desde hace años se habla de lo perjudicial que puede ser el mal manejo de la información al incidir, negativamente, a través del engaño en la población. Incluso existe una ciencia que estudia la difusión deliberada de la ignorancia. Hoy con la inmediatez que nos brindan la internet y los medios de comunicación es muy fácil confundir y desmotivar a la gente. Basta ver cómo reaccionaron los británicos al «Brexit» y una vez que cayó la libra esterlina y se sacudieron los mercados mundiales, más de un votante a favor salió a arrepentirse, muchos dieron como excusa que ni sabían exactamente por qué votaban. ¿Manipulados, manipulables? Ha pasado tiempo y aún el Reino Unido se lo está pensando. Todavía discuten si se van o retornan a la unidad europea. Vaya lección. Hoy deberíamos revisarnos, pues cada proceso electoral o cada gran proyecto, (por ejemplo, el caso de Venezuela que está en el tapete a nivel mundial) hace replantearnos sobre qué tanto necesitamos estar bien informados para decidir qué bando tomar.

Les traigo a colación este tema porque hoy, más que nunca, es fundamental investigar, leer, informarse antes de tomar una elección, ya sea a nivel personal o colectivo.

Robert Proctor, historiador científico de la Universidad de Stanford (EE. UU), indagó en las prácticas de las firmas tabacaleras y en cómo propagaban la confusión en torno a si fumar causa cáncer. La industria tabacalera determinó las mejores tácticas para vender un producto cancerígeno a la

gente sembrando la duda y creando controversia, pues no quería que el público consumidor y los no consumidores se enterasen del daño mortal que causa el tabaquismo y para ello invirtieron cifran multimillonarias a nivel mundial ocultando información vital para la salud del ser humano. El historiador llegó a decir: «La ignorancia es poder y la agnotología es la creación deliberada de ignorancia». La agnotología es el estudio de actos deliberados para sembrar la confusión y el engaño, normalmente para vender un producto o ganar un favor. Proctor recurrió a la ayuda del lingüista de la Universidad de Berkeley (California, EE. UU), Iain Boal, y juntos desarrollaron el término.

«La ignorancia no es solamente lo aún no conocido, es también una estratagema política; una creación deliberada de agentes poderosos que quieren que no sepas».

La agnotología es importante hoy en día. Se utiliza mucho a nivel político como también empresarial. Basta con recordar las campañas de los candidatos en pleno proceso de elecciones en Estados Unidos o en América Latina. Incluso, se suele emplear como pretexto y argumentando un análisis de la verdad, siembran la duda más bien. Pasa mucho con los fumadores que niegan el perjuicio del tabaquismo alegando que hay dos versiones de cada historia y no hay una investigación determinante desvirtuando la verdad y propagando la ignorancia.

En sus estudios Robert Proctor se dio cuenta de que la industria tabacalera rebatía las tesis comentando que los resultados de las investigaciones sobre efectos del tabaco en ratones no eran aplicables a humanos y por tanto la gente no estaba en riesgo, cuando en sí, los resultados médicos eran perjudiciales y hasta mortales en los fumadores. Y agrego que en los no fumadores los efectos son más perjudiciales, y lo digo por mí misma, nunca he fumado y tengo placa de fumadora, por el hecho de vivir a una cuadra de una tabacalera.

La era de la ignorancia

Hoy a través de Internet, las redes sociales y los canales de noticias globalizados llega todo tipo de información a la gente. Cada quien analiza la existencia como puede, convirtiéndose en presa de poderosos intereses. Basta observar el dominio de la información a través de los grandes conglomerados, cuyos dueños son unos pocos.

La información está disponible, lo que no es accesible es el conocimiento. Hay mucha información o datos por doquier, el problema está en la capacidad de procesamiento, análisis y síntesis de cada quien. Allí es donde la fe, la tradición o la propaganda pueden influir más que el conocimiento. Simple de observar en casos como el florecimiento de posiciones radicales extremistas bien sea a nivel de religión, política o economía.

Cuando una sociedad es prácticamente analfabeta, es más susceptible a tácticas tendientes a confundir y ocultar la verdad. Generalmente sucede cuando el público no entiende el tema o no ve la necesidad inmediata de hacerlo y quedan vulnerables a la actividad de firmas comerciales, grupos políticos o religiosos que trabajan arduamente para crear confusión sobre el tema.

En el caso de la consulta británica con el referéndum por la salida del Reino Unido de la Unión Europea se puede entrever en las reacciones posteriores que así ocurrió. Se promovió cierto tipo de información basada más en las dudas, el miedo, el nacionalismo. Un tema tan importante que no solo les afecta a los británicos sino a la comunidad europea y que toca las finanzas mundiales pasó por el tamiz de posturas políticas, pases de factura entre partidos, reclamos históricos nacionalistas y miedos colectivos. Así la gente fue a votar más con confusión que con una información sólida que le permitiera decidir sabiamente.

Lo mismo pasa en América Latina o en Norteamérica, con el caso Trump, el muro, los grupos extremistas de países árabes y recién con el caso de Venezuela. En todos se observa el mismo patrón: se juega a la desinformación, a la creación de mucha información manipulada para que cada quien caiga en el bando de intereses creados. Por eso decía Proctor que no se trataba de hechos sino de fluir desde y hacia esos hechos.

El problema radica en que, al tener herramientas como Internet con una cantidad ilimitada de medios de información, la gente no se hace más experta: muchos darán por sentado lo primero que leen. Mientras que los más inteligentes buscarán más, ahondarán en los buscadores leyendo y personalizando sus búsquedas, otros se conformarán con el primer clic y de allí con lo primero que lean.

Tomar decisiones podría ser muy fácil, pero no necesariamente son decisiones inteligentes. Los expertos en esta materia apuntan hacia eso, que la gente está desvirtuando la información y tomando decisiones a la ligera sin tener plena base de qué se le está requiriendo. De allí que los expertos en el tema aconsejen que siempre, siempre, consulte otras fuentes antes de tomar una decisión. Quizás sea mucha información, pero nunca es suficiente.

Si quiere tener control sobre su vida, su empresa, sus decisiones, lo mejor es informarse, consultar a otros, pedir asesoría para luego deliberar y procesar qué es lo que más conviene. Aplíquelo a su vida y también a la vida ciudadana, porque estamos inmersos en procesos históricos y un simple voto o decisión afecta la vida colectiva.

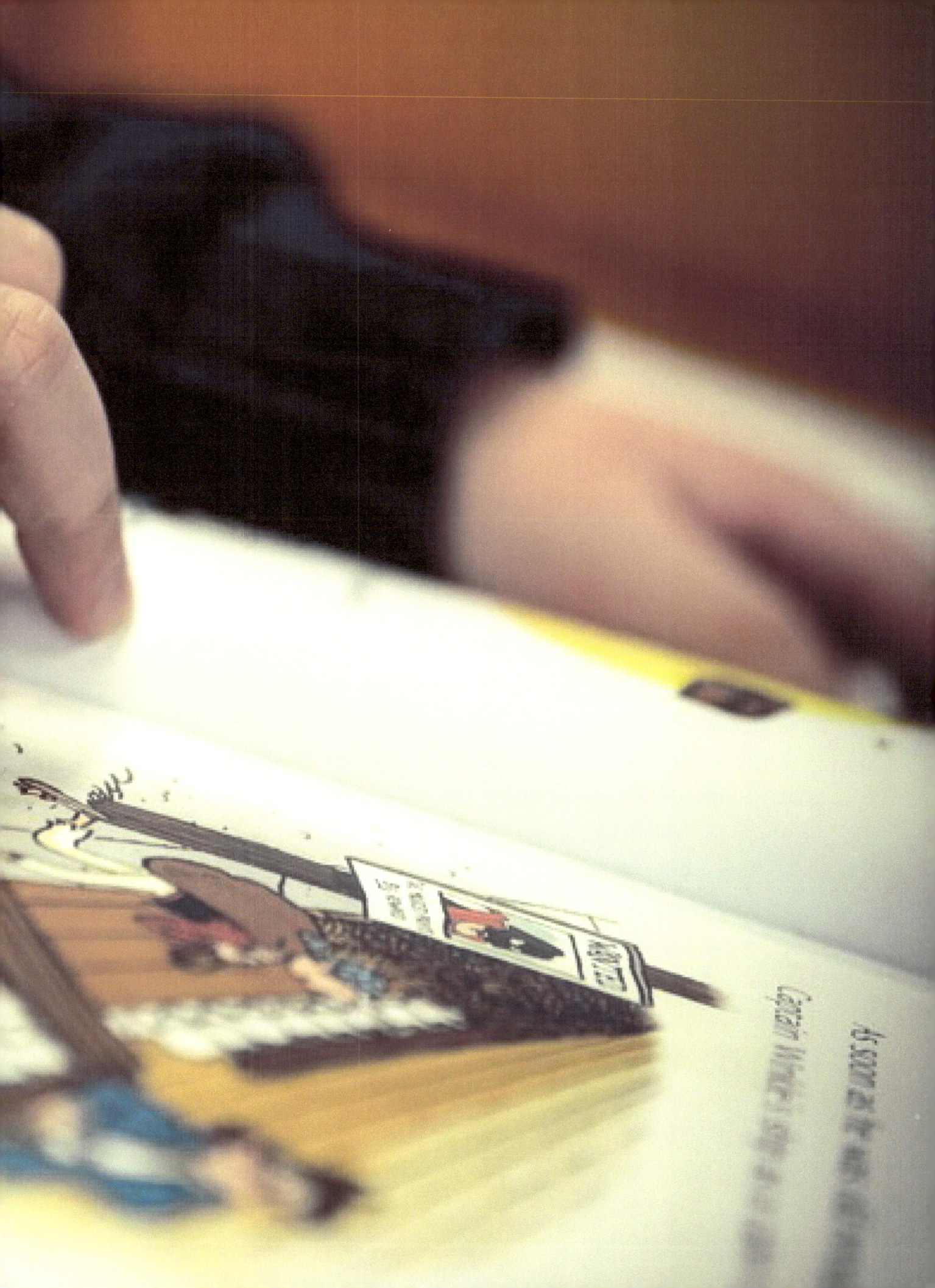